AVERTISSEMENT

Le présent Cahier de Grammaire Japonaise n'est ni un manuel, ni un ouvrage de linguistique. C'est un instrument de travail destiné aux francophones qui, déjà initiés à la langue japonaise, se heurtent dans leur pratique quotidienne à des difficultés sur lesquelles manuels et ouvrages de référence passent en général rapidement. L'expérience montre que bon nombre de ces difficultés tiennent à ce que la langue japonaise distingue souvent entre des catégories qui ne sont pas pertinentes dans la langue française. C'est à de tels cas que sont consacrés la plupart des dossiers réunis dans ce Cahier.

Ces dossiers, élaborés un à un par l'équipe des enseignants de 1er cycle de Paris-VII au cours des années passées, obéissent à une visée essentiellement pédagogique : d'où leur refus délibéré de toute définition abstraite, les classifications reposant sur des critères plus pratiques que théoriques, ainsi que la multiplicité des exemples proposés. S'agissant d'un Cahier destiné aux étudiants de tous niveaux, les exemples devaient être transcrits en caractères romains et traduits ; mais, tant pour le système de transcription que pour la traduction, nous avons davantage été guidés par un souci d'efficacité pratique que par le respect de règles abstraites.

Seuls les utilisateurs de ce Cahier pourront nous dire s'il leur est de quelque secours, quels en sont les défauts, comment il pourrait être amélioré. Nous attendons leurs remarques et les en remercions à l'avance.

Les enseignants de 1er cycle de l'Université Paris-VII

S O M M A I R E

Avertissement

NI et DE

MO et DEMO

ARU et IRU

MONO et KOTO

- NI ET DE -

NI

Emplacement, position occupée par un être ou un objet.
En particulier, de règle avec iru et aru.

母は東京に住んでいる。 Haha wa Tōkyō ni sunde iru.
　　Ma mère habite (à) Tokyo.

田んぼに牛がいる。 Tanbo ni ushi ga iru.
　　Il y a une vache dans la rizière.

机の上に本がある。 Tsukue no ue ni hon ga aru.
　　Il y a un livre sur la table.

駅に汽車が止っている。 Eki ni kisha ga tomatte iru.
　　Le train est (arrêté) dans la gare.

山に花が 咲く。 Yama ni hana ga saku.
　　Les fleurs se sont épanouies sur la montagne.

日本に地震が多い。 Nihon ni jishin ga ōi.
　　Il y a beaucoup de séismes au Japon.

DE

Lieu où se déroule une action, où se produit un changement.
Lieu où un être exerce une activité.

←→

母は東京で働いている。 Haha wa Tōkyō de hataraite iru.
　　Ma mère travaille à Tokyo.

←→

田んぼで牛が休んでいる。 Tanbo de ushi ga yasunde iru.
　　Une vache se repose dans la rizière.

←→

机の下で子供が遊んでいる。 Tsukue no shita de kodomo ga asonde iru.
　　Les enfants jouent sous la table.

←→

駅で汽車が衝突した。 Eki de kisha ga shōtotsu shita.
　　(Deux) trains sont entrés en collision dans la gare.

←→

山で鳥が鳴く。 Yama de tori ga naku.
　　Des oiseaux chantent dans la montagne.

←→

日本で地震が多くなった。 Nihon de jishin ga ōku natta.
　　Les séismes sont devenus plus nombreux au Japon.

Remarques

1. Pour la direction, on emploie toujours ni, jamais de.

    パリに着く。 Pari ni tsuku. Arriver à Paris.

2. Ne pas oublier que de nombreux verbes de mouvement se construisent avec o, surtout ceux qui indiquent une progression, un parcours. (consulter les dictionnaires)

    道を歩く。 Michi o aruku. Marcher sur un chemin.
    山を登る。 Yama o noboru. Gravir une montagne.
    海を船が行く。 Umi o fune ga yuku. Le bateau avance sur la mer.

3. Avec des superlatifs (mottomo, ichiban), de est de règle.

世の中で一番おもしろいもの。Yo no naka de ichiban omoshiroi mono. La chose la plus curieuse au monde.

日本で一番大きな橋。Nihon de ichiban ōkina hashi.   Le plus grand pont du Japon.

4. On ne s'étonnera pas d'observer des fluctuations dans l'usage de ces deux postpositions; elles peuvent s'expliquer,
   outre les habitudes propres à chacun, pour les raisons suivantes:

   a. A propos d'une même réalité, les points de vue peuvent varier.

ふとんに寝る。Futon ni neru. (locatif pur) Dormir dans un "futon".

ふとんで寝る。Futon de neru. (instrumental)   "

ペストが全ヨーロッパに流行した。Pesuto ga zen-Yōroppa ni ryūkō shita. (Europe = ponctuel, événement vu du dehors)

ペストが全ヨーロッパで流行した。   "   de   "   . (événement vu du dedans)

La peste s'est répandue dans toute l'Europe.

京都にはお寺が多い。Kyōto ni wa o-tera ga ōi.   (constatation pure et simple)

A Kyôto, il y a beaucoup de temples.

京都ではお寺が多いが 神社は少ない。Kyōto de wa o-tera ga ōi ga jinja wa sukunai. (Kyôto est opposée à d'autres villes)

A Kyôto, il y a beaucoup de temples bouddhiques, mais il y a peu de sanctuaires shintô.

   b. L'emploi varie selon les niveaux de style. Dans un style archaïsant ou "littéraire", on peut trouver ni là où
   l'on attend de.

田んぼに牛が休んでいる。Tambo ni ushi ga yasunde iru.   Une vache se repose dans la rizière.

田に働く人。Ta ni hataraku hito.   Quelqu'un qui travaille aux champs.

ベニスに死す。Benisu ni shisu.   Mourir à Venise.

NI

1. Date, etc. (ponctuel)

彼は三月に生まれた。 Kare wa sangatsu ni umareta.

   Il est né en mars.

彼は三時に来た。 Kare wa sanji ni kita.
   Il est venu à trois heures.

平安時代に女性文学が盛んになった。
Heian jidai ni josei bungaku ga sakan ni natta.

   La littérature féminine fleurit à l'époque Heian.

彼は春に生まれた。 Kare wa haru ni umareta.
   Il est né au printemps.

彼は昭和二年に死んだ。 Kare wa Shôwa ninen ni shinda.
   Il est mort la deuxième année de Shôwa.

2. Terme, limite, espace de temps

十二時に(は)あと五分ある。 Jūniji ni (wa) ato gofun aru.

   (Il y a cinq minutes avant midi)

   Il sera midi dans cinq minutes.

あしたまでにやって下さい。 Ashita made ni yatte kudasai.
   Faites-le d'ici demain.

きょうのうちに。 Kyō no uchi ni.
   Aujourd'hui (avant demain).

私は年に数回パリへ行きます。 Watashi wa nen ni sūkai Pari e ikimasu.
   Plusieurs fois par an, je vais à Paris.

一日に三回薬を飲む。 Ichinichi ni sankai kusuri o nomu.
   Prendre un médicament trois fois par jour.

DE

1. Temps mis à faire quelque chose

三時間で終る。 San jikan de owaru.

   Finir en trois heures.

2. Age

五十歳で結婚する。 Gojussai de kekkon suru.
   Se marier à 50 ans

私は三十歳で日本へ行きました。
Watashi wa sanjussai de Nihon e ikimashita.
   Je suis allée au Japon à 30 ans.

中学校二年で読んだ本。 Chūgakkō ninen de yonda hon.
   Un livre que j'ai lu en deuxième année de collège.

Toutefois on emploie ni, si l'âge n'est qu'une référence

chronologique: par exemple avec toki ni.

私は三十歳の時に 日本へ行きました。
Watashi wa sanjussai no toki ni Nihon e ikimashita.
   Je suis allé au Japon quand j'avais 30 ans.

<u>Remarques</u>

1. Beaucoup de compléments de temps n'exigent ni <u>ni</u> ni <u>de</u> (consulter les dictionnaires).

    maintenant: <u>ima</u> ; ce mois-ci: <u>kongetsu</u> ; l'hiver: <u>fuyu</u> ; à cette époque: <u>sono toki</u> ; de nos jours: <u>gendai</u> ;

    à l'époque Meiji: <u>Meiji jidai</u> , etc.

2. Pour mettre en relief un complément de temps, on peut le faire suivre de <u>de wa</u> ou <u>de mo</u> , même s'il s'agit d'un ponc-
    tuel ordinairement suivi de <u>ni</u> ou d'un adverbe n'exigeant pas de postposition.

    1900 年代では，日本へ行くフランス人は まだ少なかった。
    1900 nendai de wa Nihon e yuku Furansu-jin wa mada sukunakatta.

    Dans les années 1900, les Français qui allaient au Japon étaient encore peu nombreux.

    現代でも科学で解決できないことがたくさんある。
    Gendai de mo kagaku de kaiketsu dekinai koto ga takusan aru.
    Même de nos jours, il y a beaucoup de choses que la science ne peut expliquer.

3. Attention! certains adverbes de temps sont employés comme noms dans diverses expressions où ils ne peuvent être
    analysés comme "compléments de temps".

    あしたでいい。　Ashita de ii.　Ça ira demain. (cf. あの人でいい。Ano hito de ii.　Il fera l'affaire.)

    あしたでおしまいです。Ashita de oshimai desu.　On en aura fini demain.
    　(cf. 授業をこれで終ります。Jugyō o kore de owarimasu.　Je termine mon cours là-dessus.)

4. Même lorsqu'il est ponctuel, le mot <u>ato</u> est toujours suivi de <u>de</u>:

    ある人は御飯の前に手を洗いますが，御飯の後で洗う人もいます。
    Aru hito wa gohan no mae ni te o araimasu ga, gohan no ato de arau hito mo imasu.
    Certaines personnes se lavent les mains avant le repas, mais il y en a aussi qui se lavent après.

NI

子供がさるにバナナをやっている。
Kodomo ga saru ni banana o yatte iru.

    L'enfant donne une banane au singe.   ⟷

友人に本を買って上げる。Yūjin ni hon o katte ageru.
    Acheter un livre à un ami.   ⟷

学生に教える。Gakusei ni oshieru.
    Enseigner à des étudiants.   ⟷

人に本を送る。Hito ni hon o okuru.
    Envoyer un livre à quelqu'un.   ⟷

黒板に書く。Kokuban ni kaku.
    Ecrire au tableau.   ⟷

鏡に顔を写す。Kagami ni kao o utsusu.
    Se regarder dans la glace.   ⟷

大理石に像を彫る。Dairiseki ni zō o horu.
    Sculpter une statue dans le marbre.   ⟷

買物に行く。Kaimono ni iku.
    Aller "en courses" - faire des courses.   ⟷

DE

さるは足でバナナを取る。
Saru wa ashi de banana o toru.

    Le singe prend la banane avec son pied.

千円で本を買う。Sen en de hon o kau.
    Acheter un livre 1.000 yen.

教科書で教える。Kyōkasho de oshieru.
    Enseigner avec un manuel.

船便で本を送る。Funabin de hon o okuru.
    Envoyer des livres par bateau.

白墨で書く。Hakuboku de kaku.
    Ecrire à la craie.

鏡で後を見る。Kagami de ushiro o miru.
    Regarder ce qu'il y a derrière soi avec une glace.

大理石でできた像。Dairiseki de dekita zō.
    Statue de marbre.

車で行く。Kuruma de iku.
    Aller en voiture.

N.B. Comparer aussi:

ひじ掛けいすにすわる。 Hijikakeisu ni suwaru. S'asseoir dans un fauteuil.

台所ですわっている。 Daidokoro de suwatte iru. Etre assis dans la cuisine.

庭にものを投げる。 Niwa ni mono o nageru. Jeter quelque chose dans le jardin (en restant à l'extérieur).

庭でものをなげる。 Niwa de mono o nageru. (Etant) dans le jardin, jeter quelque chose.

On peut rattacher aux emplois ci-dessus les fonctions suivantes propres à <u>ni</u>.

Résultat de l'action, d'une transformation.

きれいにする。 Kirei ni suru. Rendre propre.

きれいになる。 Kirei ni naru. Devenir propre.

行かないことにする。 Ikanai koto ni suru. Décider de ne pas y aller.

一つのりんごを三つに分ける。 Hitotsu no ringo o mittsu ni wakeru. Partager une pomme en trois.

田中さんを学長に選ぶ。 Tanaka san o gakuchō ni erabu. Choisir M. Tanaka comme président de l'université.

試験は来月に決った。 Shiken wa raigetsu ni kimatta. L'examen a été fixé au mois prochain.

私はコーヒーにする。 Watashi wa kōhī ni suru. Je me décide pour du café.

Complément d'un verbe factitif.

子供に歌をうたわせる。 Kodomo ni uta o utawaseru. Faire chanter des chansons aux enfants.

学生に教科書を使わせる。 Gakusei ni kyōkasho o tsukawaseru. Faire utiliser des manuels aux étudiants.

AGENT , CAUSE

1) VERBES PASSIFS

NI

ÊTRES ANIMÉS

ねこにミルクを飲まれた。 Neko ni miruku o nomareta.

Il s'est fait boire son lait par le chat.

親に禁じられる。 Oya ni kinjirareru.
C'est interdit par les parents.

泥棒に殺された。 Dorobō ni korosareta.
Il a été tué par un voleur.

DE

ÊTRES INANIMÉS

山は雪でおおわれている。 Yama wa yuki de ōwarete iru.
La montagne est couverte de neige.

法律で禁じられている。 Hōritsu de **kinjirarete** iru.
C'est interdit par la loi.

刀で殺される。 Katana de korosareru.
Etre tué d'un (coup de) sabre.

Remarques

1. Ni et de sont souvent remplacés par ni yotte ou ni yori.

    エッフェル塔はエッフェルという人によって建設された。 Efferu-tō wa Efferu to iu hito ni yotte kensetsu sareta.
    La Tour Eiffel a été construite par Eiffel.

2. La notion d'êtres animés et d'êtres inanimés est parfois approximative: à l'origine d'un être inanimé peut apparaître un être humain; on emploiera alors ni.

    法律に禁じられる。 Hōritsu ni kinjirareru.   Etre interdit par la loi.

    義理に縛られる。 Giri ni shibarareru.   Etre lié par les obligations sociales.

    En revanche, lorsqu'un être animé n'est pas considéré dans son individualité, mais seulement comme un instrument, on emploie parfois de.

    洗たく屋でしみを取ってもらう。 Sentakuya de shimi o totte morau.
    Faire enlever une tache par le teinturier.

3. Des verbes de forme non passive, mais de sens passif obéissent à la règle ci-dessus:

先生に日本語を教わる。　Sensei ni nihongo o osowaru.　Apprendre le japonais avec un professeur.

外国人に切手をもらう。　Gaikoku-jin ni kitte o morau.　Recevoir des timbres d'un étranger.

友達にお金を借りる。　Tomodachi ni okane o kariru.　Emprunter de l'argent à un ami.

N.B.　Dans ce cas, on peut aussi employer kara.

2) AUTRES VERBES et ADJECTIFS

Ni est parfois possible, mais prend une couleur archaïsante.　　De est usuel.

寒さに苦しむ。　Samusa ni kurushimu.
　　Souffrir du froid.
　　　　　　　　　　　　　　　　　　　　　　　　　⟷

寒さで苦しむ。Samusa de kurushimu.
　　Souffrir du froid.

火事で家を失った。　Kaji de ie o ushinatta.
　　J'ai perdu ma maison dans un incendie.

病気で学校を休む。　Byōki de gakkō o yasumu.
　　Manquer l'école pour maladie.

母の手紙で泣いた。　Haha no tegami de naita.
　　J'ai pleuré à cause d'une lettre de ma mère.

喜びで心がいっぱいになる。　Yorokobi de kokoro ga ippai ni naru.
　　Mon coeur se gonfle de joie.

海が人でいっぱいだ。　Umi ga hito de ippai da.
　　La mer est pleine de gens.

大仏で名高い東大寺。　Daibutsu de nadakai Tōdai-ji.
　　Le Tōdaiji, célèbre pour son Grand Bouddha.

勉強で忙しい。　Benkyō de isogashii.
　　Débordé de travail.

<u>Ni</u> entre dans la composition de nombreux adverbes.

1) Avec les <u>keiyô-dôshi</u>   (mots de qualité invariables).

上手に泳ぐ。 Jôzu ni oyogu.
　　Bien nager

元気に歩く。 Genki ni aruku.
　　Marcher gaillardement

静かに話す。 Shizuka ni hanasu.
　　Parler doucement

急に。 Kyū ni. Soudain

2) Avec des noms, des adjectifs, etc.

....ふうに、 ....fū ni, d'une façon..., à la manière de...

....ように、 ....yō ni, comme..., de sorte que...,
　　　　　　　　　　　　de façon à...

....場合に、 ....baai ni, au cas où...

こんなに、 konna ni, そんなに、 sonna ni, ainsi

特に、 toku ni, spécialement.

本当の子供のようにかわいがる。
Hontō no kodomo no yō ni kawaigaru.
　　Choyer comme son propre enfant.

この薬はどんな場合に飲みますか。
Kono kusuri wa donna baai ni nomimasu ka.
　　Dans quels cas prend-on ce médicament?

<u>De</u> entre dans des expressions indiquant les circonstances concomitantes, la modalité de l'action, l'état du sujet ou de l'objet.   On remarquera qu'en français on a souvent recours à un simple adjectif attribut.

一人で遊ぶ。 Hitori de asobu.
　　S'amuser seul

自分でやる。 Jibun de yaru.
　　Faire (par) soi-même

みんなで散歩する。 Minna de sampo suru.
　　Se promener tous ensemble.

学校を一番ででる。 Gakkō o ichiban de deru.
　　Sortir premier d'une école.

いかをなまで食べる。 Ika o nama de taberu.
　　Manger de la seiche crue.

奈良へ新婚旅行で行く。 Nara e shinkon ryokō de iku.
　　Aller à Nara en voyage de noces.

けんかをするつもりで来た。 Kenka o suru tsumori de kita.
　　Il est venu avec l'intention de se quereller.

今日は寝たままで一日過してしまった。
Kyō wa neta mama de ichinichi sugoshite shimatta.
　　Aujourd'hui, j'ai passé la journée à dormir.

POINT DE VUE
CAPACITE - QUALITE - CONDITION

Ni correspond souvent au "datif d'intérêt, de point de vue", construit avec des adjectifs ou des verbes.

この字引は私には便利ですが、あなたには難しいかもしれません。
Kono jibiki wa watashi ni wa benri desu ga, anata ni wa muzukashii kamo shiremasen.
  Ce dictionnaire est pratique pour moi, mais il est peut-être difficile (à utiliser) pour vous.

私には無理です。 Watashi ni wa muri desu.
  Cela ne m'est pas possible.   ⟷

私にできる事なら何でもおっしゃって下さい。
Watashi ni dekiru koto nara nandemo osshatte kudasai.
  S'il y a quelque chose que je puisse faire pour   ⟷
  vous, n'hésitez pas à me le dire.

私に分らない話をしないで下さい。
Watashi ni wakaranai hanashi o shinaide kudasai.
  Ne parlez pas de chose que je ne comprends pas !

N.B. Dans cet usage, ni est presque toujours renforcé par totte(wa).

学生にとっては難しい。 Gakusei ni totte wa muzukashii.
  C'est difficile pour un étudiant.

子供にとって夏休みは大切だ。
Kodomo ni totte natsuyasumi wa taisetsu da.
  Les grandes vacances ont beaucoup d'importance pour
  les enfants.

De, et surtout de wa, employés avec les mêmes adjectifs et les mêmes verbes, ajoutent une nuance conditionnelle et correspondent souvent à nara, dattara, etc. On trouve surtout de wa dans des expressions à valeur négative.

この仕事は子供では無理です。
Kono shigoto wa kodomo de wa muri desu.
  Un enfant ne saurait effectuer ce travail.

私ではできません。 Watashi de wa dekimasen.
  Moi, je ne peux pas.

あなたならできるかもしれませんが、私ではできません。
Anata nara dekiru kamo shiremasen ga, watashi de wa dekimasen.
  Vous, vous pouvez peut-être, mais pour moi, c'est
  impossible.

それではだめだ。 Sore de wa dame da.
  Avec cela (dans ces conditions) ça ne va pas.

それだけでは足りない。 Sore dake de wa tarinai.
  (Avec cela seulement, ce n'est pas suffisant.)
  Cela ne suffit pas.

それで大丈夫。 Sore de daijōbu.
  Avec cela, ça va.

- MO ET DEMO -

APRES UN NOM

A. <u>Mo</u> s'emploie comme additif, pour ajouter un terme à un autre terme; en français: "aussi", "et", "ni", "non plus".
<u>Demo</u> est inusité dans cet emploi.

<u>Mo</u> usuellement remplace <u>wa</u>, <u>ga</u>, <u>o</u> et s'ajoute aux autres postpositions.

机の上に本があります。新聞もあります。 Tsukue no ue ni hon ga arimasu. Shimbun mo arimasu.
  Il y a un livre sur la table; il y a <u>aussi</u> un journal.

机の上に本がありません。 新聞もありません。 Tsukue no ue ni hon ga arimasen. Shimbun mo arimasen.
  Il n'y a pas de livre sur la table; il n'y a pas <u>non plus</u> de journal.

机の上には、フランス語の本も日本語の本もあります。 Tsukue no ue ni wa, furansugo no hon mo nihongo no hon mo arimasu.
  Sur la table, il y a <u>et</u> des livres en français, <u>et</u> des livres en japonais.

机の上に、フランス語の本も日本語の本もありません。 Tsukue no ue ni, furansugo no hon mo nihongo no hon mo arimasen.
  Sur la table, il n'y a <u>ni</u> livres en français, <u>ni</u> livres en japonais.

きのう新聞を読みました。 雑誌も読みました。 Kinō shimbun o yomimashita. Zasshi mo yomimashita.
きのう新聞も雑誌も読みました。 Kinō shimbun mo zasshi mo yomimashita.
  Hier, j'ai lu le journal; j'ai lu <u>aussi</u> une revue.

きのうも今日も雨でした。 Kinō mo kyō mo ame deshita.
  Aujourd'hui <u>comme</u> hier, il a plu.

私はローマへ行きました。 パリへも行きました。 Watashi wa Rōma e ikimashita. Pari e mo ikimashita.
  Je suis allé à Rome; <u>et aussi</u> à Paris.

友達が東京からもロンドンからも来ました。 Tomodachi ga Tōkyō kara mo Rondon kara mo kimashita.
  Des amis sont venus de Tôkyô; et aussi de Londres.

友達にも兄弟にも手紙を書きませんでした。 Tomodachi ni mo kyōdai ni mo tegami o kakimasen deshita.
  Je n'ai envoyé de lettre ni à mes amis, ni à mes frères.

私は瀬戸内海でも地中海でも泳いだことがあります。
Watashi wa Seto-naikai de mo Chichū-kai de mo oyoida koto ga arimasu.

    J'ai nagé et dans la Mer Intérieure et en Méditerranée.

Remarque : On ne confondra pas de + mo avec ...demo.

              Comparer l'exemple ci-dessus (de + mo) avec les suivants (...demo) :

この次は　一緒に地中海ででも泳ぎましょうか。　　Kono tsugi wa issho ni Chichū-kai de demo oyogimashō ka.

    La prochaine fois, veux-tu que nous allions nager ensemble en Méditerranée ?

Ou encore :

泳ぐなら、地中海でもいいでしょう。　　Oyogu nara, Chichū-kai demo ii deshō.

    La Méditerranée (entre autres) convient pour la natation.

Remarque : ...de mo...de mo nai constitue une extension du tour de wa nai.

この本は父のではありません。　母のでもありません。　　Kono hon wa chichi no de wa arimasen. Haha no de mo arimasen.

    Ce livre n'est pas à mon père; ni non plus à ma mère.

この本は父のでも母のでもありません。　　Kono hon wa chichi no de mo haha no de mo arimasen.

    Ce livre n'appartient ni à mon père ni à ma mère.

Au lieu du nom, on peut avoir un verbe suivi de koto ou no. (Jamais directement après la forme "finale") :

食べる{こと/の}も寝る{こと/の}も忘れて勉強しました。　　Taberu {koto/no} mo neru {koto/no} mo wasurete benkyō shimashita.

    J'ai travaillé, en oubliant et de manger et de dormir.

On peut avoir aussi la forme suspensive du verbe :

彼は英語を話しもするし書きもする。　　Kare wa eigo o hanashi mo suru shi, kaki mo suru.

    Il parle et écrit l'anglais.

On peut enfin trouver un adjectif suivi de no:

りんごは赤いのも青いのもあります。 Ringo wa akai no mo aoi no mo arimasu.
Des pommes, il y en a des rouges et des vertes.

Remarque: On ne confondra pas to + mo avec ...tomo qui s'emploie avec un numéral pour indiquer la totalité.

弟は太郎と遊びます。 Otōto wa Tarō to asobimasu.
Mon frère joue avec Tarô.

弟は太郎とも花子とも遊びます。 Otōto wa Tarō to mo Hanako to mo asobimasu. (to+mo)
Mon frère joue et avec Tarô et avec Hanako.

二人とも私の友達です。 Futari-tomo watashi no tomodachi desu. (- tomo)
Ils sont tous deux mes amis.

Remarque: Le tour ...mo...mo nai peut avoir une acception particulière: il indique l'inanité de toute distinction entre

des catégories opposées (avec valeur affective): "pas question de ceci ou de cela!"

男も女もない。 みんな働け。 Otoko mo onna mo nai. Minna hatarake.
Homme ou femme, tout le monde au travail!

Cette construction se trouve aussi avec des verbes ou des mots de qualité:

きれいもきたないもない。 このホテルしかない。 Kirei mo kitanai mo nai. Kono hoteru shika nai.
Propre ou non, il n'y a que cet hôtel (nous n'avons pas le choix...).

好きもきらいもない。 これを食べなさい。 Suki mo kirai mo nai. Kore o tabenasai.
Que ça te plaise ou non, mange!

行くも行かないもない。 メトロがストなのだ。 Iku mo ikanai mo nai. Metoro ga suto na no da.
Pas besoin de discuter si on y va ou non: de toutes façons le métro est en grève.

B. Mo et demo indiquant l'extension.

MO

Extension limite: "même", "jusqu'à".

En ce cas, mo est ordinairement remplacé par demo; mais
on peut le rencontrer, notamment dans des proverbes.

さるも木から落ちる。 Saru mo ki kara ochiru.
    Même les singes tombent (parfois) des arbres.
    (= tout le monde peut se tromper.)

Remarque: On notera le tour mo...naide
        "sans même".

準備もしないで試験を受けた。
Jumbi mo shinaide shiken o uketa.
    Il a passé l'examen sans même l'avoir préparé.

この秋晴れにハイキングにも行かないで、家でごろごろしていた。
Kono akibare ni haikingu ni mo ikanaide, ie de gorogoro
shite ita.
    Par ce bel automne, je suis resté à traîner à la
    maison, sans même aller en excursion.

せっかく出されたごちそうを食べもしないで帰って来てしまった。
Sekkaku dasareta gochisō o tabe mo shinaide, kaette kite
shimatta.
    Il est reparti chez lui sans même prendre le
    repas servi tout exprès.

DEMO

a) Cas extrême, limite: "même".

Noter que, comme mo, demo remplace wa, ga, o et s'ajoute
aux autres postpositions.

ナポレオンでも戦争に敗けた。 Naporeon demo sensō ni maketa.
    Même Napoléon a connu la défaite.

フランスでは、子供でもぶどう酒を飲む。
Furansu de wa, kodomo demo budōshu o nomu.
    En France, même les enfants boivent du vin!
(Si dans cette phrase on employait mo le sens serait: "les
enfants aussi".)

冬でも泳げるのは、地中海です。
Fuyu demo oyogeru no wa Chichū-kai desu.
    Même en hiver (et pas seulement à la belle saison)
    on peut nager en Méditerranée!

b) Une possibilité parmi d'autres. En ce cas, l'idée de choix
est impliquée; mais la valeur de demo est souvent très vague
et traduit simplement une répugnance à limiter catégorique-
ment l'énoncé. On n'aura pas à le rendre en français.

玉子でもあれば、お菓子を作ります。
Tamago demo areba, o-kashi o tsukurimasu.
    Si j'avais des oeufs, je ferais un gâteau.

N.B.   Dans cet emploi, <u>mo</u> peut être remplacé ou

renforcé par <u>sae</u>.

準備（さえ）（も）しないで試験を受けた。
Jumbi (sae) (mo) shinaide shiken o uketa.
　　Il a passé l'examen sans la moindre
　　préparation.

お茶でも飲みましょうか。　　O-cha demo nomimashō ka.
　　Voulez-vous que nous prenions une tasse de thé ?

日本人の友達にでも聞いて下さい。
Nihon-jin no tomodachi ni demo kiite kudasai.
　　Demandez à (quelqu'un, par exemple à) un ami japonais !

雑誌でも読んで待っていて下さい。
Zasshi demo yonde matte ite kudasai.
　　Veuillez attendre, en lisant (quelque chose, comme) une
　　revue !

えんぴつででも書いて下さい。
Empitsu de demo kaite kudasai.
　　Veuillez écrire, au crayon si vous voulez.

On trouve souvent <u>demo</u> dans la locution <u>demo ii</u>.

えんぴつででもいいから、きれいに書いて下さい。
Empitsu de demo ii kara, kirei-ni kaite kudasai.
　　Puisqu'on vous permet (d'écrire) au crayon, (servez-
　　vous en) mais proprement !

これでもいい。　　Kore demo ii.
　　Ca va comme ça.

Remarque : En ce cas, <u>demo</u> s'emploie après un thème verbal :

試験問題が漏れでもしたら大変だ。
Shiken-mondai ga more demo shitara taihen da.
　　Ce serait terrible si le sujet d'examen était divulgué !

1. Après tout numéral, <u>mo</u> apporte une nuance exclamative (étonnement).

    百万円も借金がある。 Hyaku-man en mo shakkin ga aru.
        Ses dettes s'élèvent à un million de yen!
        (= Pensez qu'il a un million de yen de dettes!)

    三十にもなって、まだ定職がない。
    San-jū ni mo natte, mada teishoku ga nai.
        Il a déjà trente ans, et il n'a pas de travail fixe!

<u>Remarque</u>: Au lieu d'un chiffre, on a parfois un interrogatif

        suivi d'un spécifique numéral + <u>mo</u>:

彼の家を見つけるまでに、何軒もさがし回りました。
Kare no uchi o mitsukeru made ni nan-gen mo sagashi
mawarimashita.

        Avant de trouver où il habite, nous avons cherché
        dans je ne sais combien de maisons.

何度も電話をかけました。
Nando mo denwa o kakemashita.
        J'ai téléphoné je ne sais combien de fois!

On rapprochera cet emploi de celui signalé p.20,b).

2. Après le numéral "un" et une négation, <u>mo</u> renforce la négation.

彼は一言も返事をしなかった。
Kare wa hito-koto mo henji o shinakatta.

    Il n'a pas répondu un mot.

冷蔵庫の中に果物は一つもない。
Reizōko no naka ni kudamono wa hitotsu mo nai.

    Il n'y a pas un fruit dans le réfrigérateur.

On rapprochera ce tour de:

少しも，ちっとも   sukoshi mo, chitto mo

    "pas même un peu", "pas du tout"

⟷

Après le numéral "un", <u>demo</u> indique l'extrême limite, l'exigence minimale, l'ultime concession.

一言でも御返事いただければありがたい。
Hito-koto demo go-henji itadakereba arigatai.

    Je serais très heureux que vous répondiez, fût-ce un mot.

一日でも多く長生きをして下さるように祈っております。
Ichinichi demo ōku nagaiki o shite kudasaru yō ni inotte orimasu.

    Je souhaite que votre vie se prolonge, ne serait-ce que d'un jour (voeu de rétablissement à un malade).

Remarque: <u>Mo</u> se trouve utilisé dans cet emploi à titre exceptionnel, dans des locutions figées:

一日も ⎫ 早く   ichinichi mo ⎫ hayaku.
一刻も ⎭   ikkoku mo ⎭

    le plus tôt possible.

a) Interrogatif sélectif (choix d'un terme parmi plusieurs)

Avec une négation, l'interrogatif suivi de <u>mo</u> donne un indéfini à valeur négative.

L'interrogatif suivi de <u>mo</u> donne un indéfini indiquant une totalité; il est souvent renforcé par un pronom suivi de <u>mo</u>.

L'interrogatif suivi de <u>demo</u> donne un indéfini impliquant un choix ouvert, une variété de possibilités.

なに
nani
quoi

私は何も知らない。

Watashi wa nani mo shiranai.

　　Je ne sais rien.

何もかも忘れてしまった。

Nani mo ka mo wasurete shimatta.

　　J'ai tout oublié!

N.B. <u>Nani mo</u> doit être suivi de <u>ka mo</u>.

あの人は何でも知っている。

Ano hito wa nan demo shitte iru.

　　Il sait tout (il est renseigné dans n'importe quel domaine).

だれ
dare
qui

あんなつまらない映画は、だれも見に行かない。

Anna tsumaranai eiga wa, dare mo mi ni ikanai.

　　Personne n'ira voir pareil navet.

こんな事はだれも（彼も）が知っている。

Konna koto wa dare mo (kare mo) ga shitte iru.

　　Tout le monde sait cela!
　　Il n'est personne qui l'ignore!

だれでも旅行は好きです。

Dare demo ryokō wa suki desu.

　　Tout le monde aime les voyages.

どれ
dore
lequel

この店の帽子はどれも似合わない。

Kono mise no bōshi wa dore mo niawanai.

　　Aucun des chapeaux de ce magasin ne me va.

この店の帽子はどれもいいけれども、どれもこれも高すぎる。

Kono mise no bōshi wa dore mo ii keredomo, dore mo kore mo taka sugiru.

　　Tous les chapeaux de ce magasin sont de bonne qualité, mais ils sont tous trop chers.

ここにある洋服ならどれでも似合う。

Koko ni aru yōfuku nara, dore demo niau.

　　Les vêtements qui sont ici (vous) vont tous (n'importe lequel vous va).

どこ <u>doko</u> où	一人なら、どこ（へ）も行きません。 Hitori nara, doko (e) mo ikimasen. 　Seul, je n'irai nulle part.	夏は、どこも（かしこも）満員だ。 Natsu wa, doko mo (kashiko mo) man.in da. 　L'été, c'est complet partout.	あなたと一緒なら、どこ（へ）でも行きましょう。 Anata to issho nara, doko (e) demo ikimashō. 　Avec toi, j'irais partout (n'importe où) !

いつ
<u>itsu</u>
quand

何度も電話しましたが、いつもいません。
Nan-do mo denwa shimashita ga, itsu mo imasen.
　J'ai téléphoné plusieurs fois, mais il n'est jamais là.

いつもけんかばかりしている。
Itsu mo kenka bakari shite iru.
　Ils se disputent tout le temps (ils ne font que cela).

いつでもけんかばかりしている。
Itsu demo kenka bakari shite iru.
　Ils se disputent tout le temps (à n'importe quelle occasion).

いつまで
<u>itsu made</u>
jusqu'à
quand

この子はいつまでも泣き止まない。
Kono ko wa itsu made mo naki yamanai.
　Cet enfant ne finira jamais de pleurer !

いつまでも待ちます。
Itsu made mo machimasu.
　J'attendrai éternellement.

いつまででも待ちますから、必ず仕上げて下さい。
Itsu made demo machimasu kara, kanarazu shiagete kudasai.
　J'attendrai autant qu'il faudra, mais il faut que vous finissiez ce travail.

どの
<u>dono</u>
quel

参考書として三十冊の本を挙げておいたが、学生はどの本も読んでいません。
Sankōsho to shite sanjussatsu no hon o agete oita ga, gakusei wa dono hon mo yonde imasen.
　J'avais donné une bibliographie de trente livres, mais les étudiants n'en ont lu aucun.

どの本もおもしろいと言った。
Dono hon mo omoshiroi to itta.
　Il a dit que tous les livres (autant qu'ils sont) l'avaient intéressé.

どの本でも役に立つ。
Dono hon demo yaku ni tatsu.
　Tout livre (quel qu'il soit) pourra m'être utile.

どんな
<u>donna</u>
quel genre
de

どんな酒豪もあの人には敵わない。
Donna shugō mo ano hito ni wa kanawanai.
　Aucun buveur, quel qu'il soit, ne le vaut.

どんな人にも何か取り柄がある。
Donna hito ni mo nani ka torie ga aru.
　En tout homme (sans exception) on trouve quelque talent.

日本では、どんな大学でも入学試験があります。
Nihon de wa donna daigaku demo nyūgaku-shiken ga arimasu.
　Au Japon, dans toute université (quelle qu'elle soit), il y a un concours d'entrée.

N.B. On notera le tour très usuel: interrogatif + demo ii.

どんな紙でもいい。
Donna kami demo ii.

    N'importe quel papier fera l'affaire.

どうでもよい。   Dô demo yoi.

    C'est égal. Peu importe.

b) Interrogatif quantitatif.

Avec une négation, l'interrogatif quantitatif suivi de mo donne un indéfini indiquant une faible quantité.

いくら	私の財布にはいくらもなかった。
ikura	Watashi no saifu ni wa ikura mo nakatta.
combien	Je n'avais pas grand-chose dans mon porte-monnaie.

L'interrogatif suivi de mo donne un intensif à valeur exclamative (cf. pp. 16–17, Remarque) et emphatique.

「世には悲惨な運命に泣く女はいくらもある」（谷崎潤一郎）。
Yo ni wa hisan-na unmei ni naku onna wa ikura mo aru (Tanizaki Jun.ichirō).

    Il y a en ce monde quantité de femmes qui pleurent leur triste sort!

L'interrogatif suivi de demo donne un indéfini indiquant une quantité illimitée.

アマチュアカメラマンなら、いくらでもいる。
Amachua-kamera-man nara ikura demo iru.

    Des photographes amateurs, il y en a tant qu'on en veut (il n'y a que l'embarras du choix)!

何日	こういう仕事は何日もかからない。
nan-nichi	Kôiu shigoto wa nan-nichi mo kakaranai.
combien de jours	Ce travail ne prendra pas tellement de jours (ne demande que peu de jours).

翻訳の仕事は何日もかかってしまった。

Honyaku no shigoto wa nan-nichi mo kakatte shimatta.

    Cette traduction m'a pris des jours et des jours!

何日でも家に泊って下さい。

Nan-nichi demo uchi ni tomatte kudasai.

    Venez loger chez moi autant de nuits que vous voudrez!

APRES UN MOT VARIABLE
(VERBAL OU DE QUALITE)

1) Après une forme en -te

-temo exprime la concession (dans ce tour encore, mo peut se rendre par "même").

L'emploi de -te demo emphatique est réduit à quelques situations où l'on veut insister sur une volonté affirmée, sur une résolution triomphant de n'importe quel obstacle éventuel.

重役とけんかしても、この意見は通さなければならない。
Jûyaku to kenka shitemo kono iken wa tôsanakereba naranai.
　　Quitte à se disputer avec le patron, il faut faire triompher cet avis. ⟷

重役とけんかしてでも、この意見は通したい。
Jûyaku to kenka shite demo kono iken wa tôshitai.
　　Tant pis si on se dispute avec le patron : je veux voir triompher cette idée.

死んでも、ラッパを口から放しませんでした。
Shindemo , rappa o kuchi kara hanashimasen deshita.
　　Même à la mort, il garda le clairon à ses lèvres. ⟷

死んででも、この恥をそそぐ。
Shinde demo, kono haji o sosogu.
　　Même au prix de ma vie, je laverai cette honte.

ここから海へ歩いても行かれます。
Koko kara umi e aruitemo ikaremasu.
　　D'ici on peut aller à la mer (même) à pied. ⟷

歩いてでも一度海へ行きたいんです。
Aruite demo ichi-do umi e ikitai n desu.
　　Devrais-je le faire à pied, je voudrais aller une fois à la mer.

ばかは死んでも直らない。
Baka wa shindemo naoranai.

　　Un imbécile, même s'il meurt, ne guérit pas.
　　= La bêtise est incurable.　(proverbe)

顔が美しくても、意地が悪ければ、嫁のもらい手がない。
Kao ga utsukushikute mo, iji ga warukereba, yome no moraite ga nai.
　　Même jolie, si une femme a mauvaise caractère, elle ne trouve pas à se marier.

Remarques

a) -de attemo est souvent remplacé par -demo. On ne confondra pas ce tour avec la particule demo (cf. §I).

人はいくら金持でも遊んでいてはならない。
Hito wa ikura kanemochi demo asonde itewa naranai.
　　　Quelque riche qu'on soit, on ne peut s'amuser tout le temps.

b) On ne confondra pas cet emploi de -temo avec le tour -temo iru ou temo inai (en général redoublé) :

笑っても{いないいし / いなければ}泣いてもいない。　Waratte mo {inai shi / inakereba} naite mo inai.
　　　Il ne rit ni ne pleure.

Ce tour n'est qu'une extension de -te iru / -te inai.

On ne confondra pas cet emploi de -te demo avec le tour -te demo iru, qui est une extension de -te iru ("progressif")

et qui apparaît ordinairement dans l'expression -te demo iru yô na (ou yô ni)... "comme si, par exemple...".

On retrouve ici la valeur de -demo signalée plus haut (cf. p.14,b).

彼は大勢の聽衆を前にしてでもいるように、声を張り上げた。　Kare wa ōzei no chōshū o mae ni shite demo iru yô ni, koe o hari-ageta.
　　　Il força la voix, comme si (par exemple) il se trouvait devant un auditoire nombreux.

c) Dans le cas d'une hypothèse ("même si..."), -temo peut être annoncé par tatoe qui le renforce.

たとえ太陽が西から上がっても、　ぼくの気持は変らない。
Tatoe taiyō ga nishi kara agattemo, boku no kimochi wa kawaranai.
　　　Même s'il arrivait que le soleil se lève à l'Ouest, je ne changerais pas de sentiment.

d) On peut aussi remplacer -demo par la forme "finale" + to shitemo ou -to ittemo.

君が行くとしても、ぼくは行かない。　Kimi ga iku to shitemo, boku wa ikanai.
　　　Même en admettant que tu y ailles, moi, je n'irai pas.

e) Le tour en -temo peut être utilisé avec un interrogatif.

どんな本を買っても一割引きです。　Donna hon o kattemo ichi-waribiki desu.
　　　Quels que soient les livers qu'on achète, on a 10% de réduction.

2) Après un mot de qualité à la forme suspensive

MO

DEMO

a) Adjectif variable à la forme en -ku+mo.

Inusité

これは高くも安くもありません。
Kore wa takaku mo yasuku mo arimasen.
    Ce n'est ni cher ni bon marché.

この机は小さくも大きくもなります。
Kono tsukue wa chiisaku mo ōkiku mo narimasu.
    Cette table se raccourcit ou s'allonge (à volonté).

b) Adjectif invariable (nominal) + de+mo.

私は肉が好きでもきらいでもありません。
Watashi wa niku ga suki demo kirai demo arimasen.
    Je n'aime ni ne déteste la viande.

N.B. Cette catégorie de mots de qualité étant à certains égards

proche de celle des noms, ce tour n'est guère différent de

celui du §1 (voir notamment p.12, Remarque).

-mo s'emploie après un grand nombre de particules conjonctives avec le sens tantôt de "même", tantôt de "aussi".

-demo s'emploie avec les nuances suivantes:

* choix ouvert, possibilité;

* concession.

倒れながらもボールをけった。
Taorenagara mo bōru o ketta.

Tout en tombant (même pendant sa chute), il frappa le ballon du pied.

↔

倒れながらでも、ボールを投げることができる。
Taorenagara demo, bōru o nageru koto ga dekiru.

On peut très bien lancer le ballon, même si on est en train de tomber (dans n'importe quelle posture, y compris éventuellement celle-là).

彼女は結婚してからも朝寝ほうします。
Kanojo wa kekkon shite kara mo asanebō shimasu.

Même après son mariage, elle continue à paresser au lit. (**constatation objective avec simple indication chronologique**)

↔

彼女は結婚してからでも、よく朝寝ほうします。
Kanojo wa kekkon shite kara demo, yoku asanebō shimasu.

Même après son mariage (bien que mariée), elle paresse souvent au lit! (**nuance de blâme**)

食べる前に泳ぎました。食べてからも泳ぎます。
Taberu mae ni oyogimashita. Tabete kara mo oyogimasu.

J'ai nagé avant le repas; je recommencerai après le repas.

↔

食べてから（で）でも いらっしゃって下さい。
Tabete kara (de) demo irasshatte kudasai.

Venez donc, par exemple après le dîner! (Vous serez toujours le bienvenu, quelque heure qu'il soit.)

フランス語ではタイワンをフォルモーズとも言う。
Furansugo de wa Taiwan o Forumōzu to mo iu.

En français, on appelle aussi Taiwan Formose.

↔

この犬は、ポチとでも名前をつけましょうか。
Kono inu wa, Pochi to demo namae o tsukemashō ka.

Voulez-vous que nous appelions ce chien Pochi, par exemple? (mais on peut envisager d'autres noms...)

フランス語ではタイワンともフォルモーズとも言う。
Furansugo de wa Taiwan to mo Forumōzu to mo iu.

En français on dit indifféremment et "Taiwan" et "Formose".

RENFORCEMENT DE PARTICULES OU D'ADVERBES

Mo s'emploie couramment, et sans y apporter de nuance particulière dans un certain nombre de locutions figées.
En voici quelques unes, très courantes:

外にも hoka ni mo.   outre, en plus de.

よりも yori mo.   par rapport à, plus que.

にもかかわらず ni mo kakawarazu.   en dépit de, malgré.

言うまでもない iu made mo nai.   il va sans dire.

早くも hayaku mo.   déjà.

よくも yoku mo.   bel et bien.

こんなにも konna ni mo.   ainsi (avec valeur exclamative).

- ARU ET IRU -

	あ　る		い　る	
	POSITIF	NEGATIF	POSITIF	NEGATIF
inaccompli (**présent - futur**)	ある （ あります ）	ない （ ありません ）	いる （ います ）	いない （ いません ）
accompli (passé)	あった （ ありました ）	なかった （ ありませんでした）	いた （ いました ）	いなかった （ いませんでした ）
forme suspensive	あり （ ―― ）	なく （ ―― ）	い おり （―― ）	いず おらず （ ―― ）
forme "en -te"	あって （ ありまして ）	なくて （ ありませんで ）	いて （ いまして ）	いなくて （ いませんで ）
conditionnel	あれば （ ―― ）	なければ （ ―― ）	いれば （ ―― ）	いなければ （ ―― ）
conditionnel temporel	あったら （ ありましたら ）	なかったら （ ありませんでしたら ）	いたら （いましたら ）	いなかったら （ いませんでしたら ）
présomption	あろう （ ありましょう ）	なかろう （ ―― ）	いよう （ いましょう ）	【 いなかろう 】 （ ―― ）
possibilité	ありうる （ ありえます ）	ありえない （ ありえません ）	いられる （ いられます ）	いられない （ いられません ）

N.B. Ces deux verbes sont parfois notés avec des kanji:　有る（aru）et 居る（iru）.

　　　Les formes entre parenthèses appartiennent au style poli.

"être", "se trouver", "exister", "avoir lieu", "il y a", etc.

ETRES INANIMES

本は机の上にある。
Hon wa tsukue no ue ni aru.

    Le livre est sur la table.

机の上に本がある。 Tsukue no ue ni hon ga aru.

    Il y a un livre sur la table.

東京にはプールが沢山ある。 Tōkyō ni wa pūru ga takusan aru.

    Il y a beaucoup de piscines à Tôkyô.

冷蔵庫にはミルクもジュースもない。
Reizōko ni wa miruku mo jūsu mo nai.

    Dans le réfrigérateur, il n'y a ni lait ni jus de fruits.

ETRES ANIMES

ねこは台所にいる。 Neko wa daidokoro ni iru.

    Le chat est dans la cuisine.

公園にねこがいる。 Kōen ni neko ga iru.

    Il y a des chats dans le jardin public.

日本に中国人が沢山いる。 Nihon ni Chūgoku-jin ga takusan iru.

    Il y a beaucoup de Chinois au Japon.

この学校には日本人も外国人もいる。
Kono gakkō ni wa Nihon-jin mo gaikoku-jin mo iru.

    Dans cette école, il y a et des Japonais et des étrangers.

Remarques:

1. Aru est parfois employé pour des êtres humains (ou anthropomorphiques) lorsqu'il ne s'agit pas de leur présence effective dans un lieu donné mais de leur existence, envisagée de façon générale et abstraite.

    君は神があると思うか？ Kimi wa kami ga aru to omou ka?
        Crois-tu qu'il y a un Dieu?

    世の中には、戦争を欲する人もある。 Yo no naka ni wa, sensō o hossuru hito mo aru.
        En ce monde, il y a des gens qui voudraient une guerre.

2. ...wa...ga aru indique la possession et correspond à notre verbe "avoir". Dans ce cas, on peut employer aru lorsqu' il s'agit de relations entre proches.

    田中さん(に)はお金が沢山あります。 Tanaka-san (ni) wa, o-kane ga takusan arimasu.
        M.Tanaka a beaucoup d'argent.

うち（に）は、庭がありません。 Uchi (ni) wa, niwa ga arimasen.

    Je n'ai pas de jardin. (Ma maison n'a pas de jardin.)

山田さん（に）は、友達が沢山ある（いる）。 Yamada-san (ni) wa, tomodachi ga takusan aru (iru).

    Yamada a beaucoup d'amis.

この子供（に）は、父も母もない。 Kono kodomo (ni) wa, chichi mo haha mo nai.

    Cet enfant n'a ni père ni mère.

3. Le tour <u>...ni...ga aru</u> a aussi un autre usage: <u>ni</u> signifie "en tant que", "comme", "pour ce qui est de".

日本の大都会に（は）、東京や大阪がある。 Nihon no daitokai ni (wa), Tōkyō ya Ōsaka ga aru.

    Comme grandes agglomérations japonaises, il y a Tôkyô et Ôsaka.

4. L'expression: verbe + <u>koto ga aru</u> signifie "il arrive que", "parfois".

私はぶどう酒を飲むことがある。 Watashi wa, budōshu o nomu koto ga aru.

    Il m'arrive de boire du vin.

Quand le verbe est à la forme en <u>-ta</u>, l'expression correspond au passé composé du français (indiquant que le sujet a fait telle ou telle expérience).

私は田中さんに会ったことがある。 Watakushi wa, Tanaka-san ni atta koto ga aru.

    J'ai déjà rencontré M. Tanaka.

日本へ行ったこと（は）（が）ない。 Nihon e itta koto (wa) (ga) nai.

    Je ne suis jamais allé au Japon.

DE ARU

	POSITIF		NEGATIF	
	style neutre	style poli	style neutre	style poli
inaccompli (présent, futur)	である だ	※ であります です	で(は) じゃ } ない	で(は) じゃ } ありません
accompli (passé)	であった だった	※ でありました でした	で(は) じゃ } なかった	で(は) じゃ } ありませんでした
forme suspensive	であり で		で(は)なく	
forme "en -te"	であって	※ でありまして でして	で(は) じゃ } なくて	※ で(は)ありませんで
conditionnel	であれば なら(ば)		で じゃ } なければ	
conditionnel, temporel	であったら だったら	※ でありましたら でしたら	で じゃ } なかったら	でありませんでしたら
présomption	であろう だろう	※ でありましょう でしょう	で(は)なかろう	で(は) } ないでしょう じゃ } ありませんでしょう
possibilité	でありうる	※ でありえます	で(は)ありえない	で(は)ありえません

N.B.   Les formes du style neutre données à la ligne supérieure de chaque case (de aru, de wa nai, de atta, etc.) sont réservées à la langue écrite.

Les formes précédées d'un astérisque sont à éviter dans la conversation (elles appartiennent au style oratoire).

Il est souvent commode de rendre de aru (desu) par le verbe "être". Mais le schéma ...wa...de aru ne coïncide pas avec le schéma "Sujet - Etre - Attribut , et il faut se garder de les assimiler l'un à l'autre. De aru établit un lien beaucoup plus vague entre le thème de la phrase et le prédicat.

これは朝日新聞です。　Kore wa Asahi-shimbun desu。　　C'est le journal "Asahi".

今日は、いいお天気です。　Kyō wa, ii o-tenki desu.　　Aujourd'hui, il fait beau.

パリは、いい天気だ。　Pari wa, ii tenki da.　　A Paris, il fait beau.

母は病気です。　Haha wa byōki desu.　　Ma mère est malade.

今日は学校は休みです。　Kyō wa gakkō wa yasumi desu.　　Aujourd'hui, l'école est en vacances.

あなたはお幾つでしょうか？　Anata wa, o-ikutsu deshō ka?　　Quel âge avez-vous ?

少女は、弟の傷が心配でした。　Shōjo wa, otōto no kizu ga shimpai deshita.
　　La petite fille s'inquiétait de la blessure de son frère.

この学生は日本人です(だ)。　Kono gakusei wa Nihon-jin desu (da).　　Cet étudiant est　Japonais.

この学生は日本人ではありません。　Kono gakusei wa Nihon-jin de wa arimasen.　　Cet étudiant n'est pas Japonais.

この学生は日本人でもイギリス人でもありません。　Kono gakusei wa Nihon-jin de mo Igirisu-jin de mo arimasen.
　　Cet étudiant n'est ni Japonais, ni Anglais.

あなたも私も日本人ではありません。　Anata mo watashi mo Nihon-jin de wa arimasen.
　　Ni vous ni moi ne sommes Japonais.

私はミルクが好きです。　Watashi wa miruku ga suki desu.　　J'aime le lait.

私はミルクもお酒も好きです。　Watashi wa miruku mo o-sake mo suki desu.　　J'aime à la fois le lait et l'alcool.

私はミルクが好きでもきらいでもありません。　Watashi wa miruku ga suki de mo kirai de mo arimasen.
　　Je n'aime ni ne déteste le lait.

N.B.　1.　De aru s'emploie indifféremment à propos des êtres animés et inanimés.

2.　Desu peut se placer après un mot de qualité variable (en -i) pour adoucir l'expression (équivalent de -masu pour les verbes).　En ce cas-là il n'est jamais remplacé par -da.

　　　この品物は高いです。　Kono shinamono wa takai desu.　　Cet objet est cher.

3.　On ne confondra pas de forme suspensive de de aru (négatif : de wa naku) avec de particule locative ou instrumentale.

　　　田中さんはテニスが上手で、ピンポンもできます。　Tanaka-san wa tenisu ga jōzu de, pimpon mo dekimasu.
　　　　Tanaka est bon en tennis, et il sait aussi jouer du ping-pong.

- -TE ARU ET -TE IRU -

1. ETAT

ARU

Verbes transitifs. Etat résultant d'une action.

窓は開けてある。 Mado wa akete aru.

La fenêtre est ouverte (a été ouverte).

本はきれいに並べてある。
Hon wa kirei ni narabete aru.
Les livres sont soigneusement rangés.

この話はおもしろく書いてある。
Kono hanashi wa omoshiroku kaite aru.
Cette histoire est écrite de façon intéressante.

N.B. On peut trouver une construction avec o.

窓を開けてある。 Mado o akete aru.
On a ouvert la fenêtre. / La fenêtre est ouverte.

IRU

Verbes intransitifs. Cet emploi est réservé à un certain nombre limité de verbes (consulter les dictionnaires).

a) **Aboutissement d'un déplacement**

彼はもう来ているでしょう。
Kare wa mō kite iru deshō.
Il doit être déjà arrivé.

b) **Résultat d'un mouvement rapide, d'une action instantanée**

学生はみんな立っていた。
Gakusei wa minna tatte ita.
Les élèves étaient tous debout (tatsu: "se lever").

この皿はこわれている。 Kono sara wa kowarete iru.
Ce plat est cassé (kowareru: "se briser").

この人は死んでいます。 Kono hito wa shinde imasu.
Il est mort.

2. ACTION EN TRAIN DE SE FAIRE

Verbes intransitifs

雨が降っている。 Ame ga futte iru. Il pleut.

弟が泣いている。 Otōto ga naite iru. Mon petit frère pleure.

Verbes transitifs

学生が本を並べている。 Gakusei ga hon o narabete iru.
Les étudiants sont en train de ranger les livres.

Remarques:

1. On a constaté que la répartition des emplois entre _aru_ et _iru_ est fonction, ici, non de la nature du "sujet", mais de l'aspect du verbe.

2. Même dans le cas de verbes transitifs, la forme en _-te iru_ peut indiquer non l'action en train de se faire, mais l'état résultant de l'action, lorsque le bénéfice s'en fait encore sentir. Par exemple, la phrase

川端康成の小説を読んでいます。 Kawabata Yasunari no shōsetsu o yonde imasu.

signifie: "Je suis en train de lire les romans de Kawabata ", mais peut aussi signifier dans un contexte particulier: "J'ai lu les romans...":

川端康成の小説を読んでいますから、おっしゃることはよくわかります。
Kawabata Yasunari no shōsetsu o yonde imasu kara, ossharu koto wa yoku wakarimasu.
Comme j'ai lu les romans de Kawabata, je comprends bien ce que vous dites.

A la forme négative, le même tour signifie qu'une action projetée n'est pas encore réalisée.

この映画はまだ見ていません。 Kono eiga wa mada mite imasen.
Je n'ai pas encore vu ce film.

Comparer ces trois tours, qui correspondent à divers emplois du passé composé français.

Ex. Je n'ai pas mangé.

すしを食べたことはありません。 Sushi o tabeta koto wa arimasen.
Je n'ai jamais mangé de sushi.

昨日すしを食べませんでした。 Kinō sushi o tabemasen deshita.
Hier, je n'ai pas mangé de sushi.

作って下さったおすしをまだ食べていません。 Tsukutte kudasatta o-sushi o mada tabete imasen.
Je n'ai pas encore mangé les sushi que vous m'avez faits.

- MONO ET KOTO -

I. SENS PLEIN

Les dictionnaires donnent comme équivalents à mono aussi bien qu'à koto "chose", "a thing". De fait, la différence entre les deux mots n'est pas toujours aisée à définir. Mais on peut établir la distinction suivante, lorsque ces mots sont employés comme des substantifs à sens plein: mono もの/ 物 désigne plutôt un objet concret, koto こと/ 事 plutôt un fait, une réalité abstraite. Cette distinction apparaît clairement dans des composés où ils sont combinés avec des racines verbales:

MONO

taberu: "manger" ; tabemono: "nourriture"　食べ物

nomu: "boire" ; nomimono: "boisson"　飲み物

kiru: "revêtir" ; kimono: "vêtement"　着物

noru: "monter dans un véhicule" ; norimono: "véhicule"
　　　　　　　　　　　　　　　　　乗り物

yomu: "lire" ; yomimono: "de la lecture"　読み物

nokoru: "rester" ; nokorimono: "restes"　残り物

wasureru: "oublier" ; wasuremono: "objet oublié, perdu"
　　　　　　　　　　　　忘れ物

otosu: "laisser échapper" ; otoshimono: "objet perdu"
　　　　　　　　　　　　落し物

KOTO

(taberu koto: "le fait de manger"　食べる事 voir plus bas)

suru: "faire" ; shigoto: "travail, occupation"　仕事

hakaru: "machiner" ; hakarigoto: "machination"　謀

tanomu: "demander" ; tanomaregoto: "service demandé"
　　　　　　　　　　　　頼まれ事

shimpai: "inquiétude" ; shimpaigoto: "sujet d'inquiétude"
　　　　　　　　　　　　心配事

himeru: "taire qqch." ; himegoto: "secret"　秘め事

On pourra en outre comparer les rares cas où mono et koto entrent en composition avec le même verbe:

		MONO		KOTO	

笑う　warau
　　　"rire, se moquer"

笑い物　waraimono
　　　　"objet de moquerie"

笑い事　waraigoto
　　　　"moquerie"

祝う　iwau
　　　"congratuler, féliciter"

祝い物　iwaimono
　　　　"cadeau de congratulation"

祝い事　iwaigoto
　　　　"cérémonie de congratulation"

賭ける　kakeru　"parier"

賭物　kakemono　"enjeu"

賭事　kakegoto　"pari"

出来る　dekiru　"se produire"

出来物　dekimono
　　　　"bouton, grosseur"

出来事　dekigoto　"événement"

On notera enfin les deux composés suivants:

物事　monogoto　(un peu vieilli) : "les choses"

> Ex.　物事は終わりが大切です。　Monogoto wa owari ga taisetsu desu.
>
> 　　　soit: "Quand on fait quelque chose, il faut aller jusqu'au bout."

事物　jibutsu　(style écrit) : "les choses"

> Ex.　外国語を勉強する場合　その国の具体的な事物についての知識がどうしても必要だ。　Gaikokugo o benkyō suru
>
> 　　baai, sono kuni no gutai-teki na jibutsu ni tsuite no chishiki ga dō shite mo hitsuyō da.
>
> 　soit: "Quand on apprend une langue étrangère, il faut absolument avoir des connaissances sur les
> 　　　　réalités du pays."

<u>Remarque</u>: On ne confondra pas ces deux mots avec deux homophones (qui, étymologiquement, ne font qu'un avec eux, mais qui sont aujourd'hui sentis comme des mots différents, et notés avec d'autres caractères):

MONO 者 "la personne"   KOTO 言 "la parole, le mot"

田舎 <u>inaka</u> : "la campagne"   寝る <u>neru</u> : "dormir"

  田舎者 <u>inaka-mono</u> : "le campagnard"   寝言 <u>ne-goto</u> : "paroles qu'on dit en dormant"

働く <u>hataraku</u> : "travailler"

  働き者 <u>hataraki-mono</u> : "personne qui travaille
                   beaucoup"

変る <u>kawaru</u> : "changer, être différent"   泣く <u>naku</u> : "pleurer, gémir"

  変り者 <u>kawari-mono</u> : "un original"   泣き言 <u>naki-goto</u> : "plaintes"

ばか <u>baka</u> : "idiot"

  ばか者 <u>baka-mono</u> : "un idiot"

一人, 独り <u>hitori</u> : "seul"   一人, 独り <u>hitori</u> : "seul"

  独り者 <u>hitori-mono</u> : "un célibataire"   独り言 <u>hitori-goto</u> : "soliloque"

On comparera l'emploi de <u>mono</u> et de <u>koto</u> dans les phrases suivantes (où tous deux pourraient, en français, être rendus par "chose"):

1. 彼の書いた物を読んでみたが、書いてある事がどうもよく分りません。
   Kare no kaita mono o yonde mita ga, kaite aru koto ga dōmo yoku wakarimasen.

   J'ai lu ses écrits, mais je n'arrive pas à comprendre ce qu'il dit (ce que ses ouvrages contiennent).

2. あの部屋であった事は覚えていますが、そこにあった物は忘れました。
   Ano heya de atta koto wa oboete imasu ga, soko ni atta mono wa wasuremashita.

   Je me souviens de ce qui s'est passé dans cette pièce, mais j'ai oublié ce qui (= les objets qui) s'y trouvait.

   N.B. Dans cette phrase, le contraste entre <u>koto</u>: "événement, action" et <u>mono</u>: "objet", est rendu plus perceptible par le contraste entre les particules locatives <u>de</u> et <u>ni</u>.

3. a) この美術館には、いい物が沢山ある。   Kono bijutsu-kan ni wa, ii mono ga takusan aru.
      Dans ce musée, il y a beaucoup d'objets de qualité.

   b) このごろは、ちっともいい事はない。   Kono goro wa, chittomo ii koto wa nai.
      En ce moment, il n'arrive rien de bon (= tout va mal).

4. a) アルザスはフランスのものになりました。   Aruzasu wa Furansu no mono ni narimashita.
      L'Alsace appartient maintenant à la France.

   b) 私のことを覚えていますか？ Watakushi no koto o oboete imasu ka?
      Vous souvenez-vous de moi? (= de ce qui me concerne)

<u>Remarque:</u> Attention aux deux emplois du tour <u>verbe + koto</u>:

a) (comme ci-dessus) "les choses qui, que, dont, etc." : 聞いた事   <u>kiita koto</u>: "ce que j'ai entendu"

b) (voir ci-dessous) "le fait de..." : 聞いたこと   <u>kiita koto</u>: "le fait d'avoir entendu"

On retiendra enfin le tour suivant : verbe ou mot de qualité à **valeur affective** + <u>koto ni</u>, qui fonctionne comme une apposition, et donne une appréciation sur une situation ou un événement.

困った事にお金がもうない。 Komatta koto ni, o-kane ga mō nai.
   Chose ennuyeuse (malheureusement), je n'ai plus d'argent.

うれしい事に雪が降ってきた。 Ureshii koto ni, yuki ga futte kita.
   Chose heureuse (par bonheur), la neige s'est mise à tomber.

おかしな事に彼はまだ来ません。 Okashi-na koto ni, kare wa mada kimasen.
   Chose bizarre (curieusement), il n'est pas encore arrivé.

A) KOTO

Koto peut être employé comme mot-outil pour faire du verbe ou du mot de qualité qui le détermine un substantif ; le verbe "nominalisé" par koto peut lui-même être accompagné d'un sujet et de compléments : koto sert en ce cas à former une proposition nominale.

Déterminé par un verbe qu'il nominalise, koto correspond à peu près au français "le fait de... / le fait que..." ; en général, on pourra rendre le groupe verbe / mot de qualité + koto par un infinitif, ou un nom, ou encore une proposition introduite par que. (voir les exemples ci-après)

Le groupe verbe / mot de qualité + koto peut avoir dans la phrase toutes les fonctions d'un nom, et se trouve donc suivi des mêmes particules fonctionnelles que le nom.

N.B. Dans cet emploi, koto est aujourd'hui ordinairement noté en kana.

毎朝早く起きることは難しい。 Maiasa hayaku okiru koto wa muzukashii.

    Il est difficile de se lever tôt tous les matins.

彼が私の命を助けてくれたことは一生忘れられません。
Kare ga watashi no inochi o tasukete kureta koto wa isshō wasureraremasen.
    Je n'oublierai jamais qu'il m'a sauvé la vie.

遊ぶことが大好きだ。   Asobu koto ga daisuki da.
    J'aime bien m'amuser.

書斎は静か{・である}ことが肝心だ。 Shosai wa shizuka {de aru (na)} koto ga kanjin da.
    Il est essentiel qu'un bureau soit calme.

この部屋でタバコを吸うことを校長が禁じた。　Kono heya　de tabako o suu koto o kōchō ga kinjita.
　　Le proviseur a interdit qu'on fume dans cette salle.

フランスではぶどう酒が高いことを知らないの？　Furansu de wa budōshu ga takai koto o shiranai no?
　　Tu ne sais pas que le vin est cher en France?

来年 中国へ行くことに皆が賛成しました。　Rainen Chūgoku e iku koto ni minna ga sansei shimashita.
　　Tous ont été d'accord pour aller en Chine l'an prochain.

フランスはぶどう酒のおいしいことで有名です。　Furansu wa budōshu no oishii koto de yūmei desu.
　　La France est célèbre pour la qualité de son vin.

富士山は高いことばかりでなく、きれいなことでも有名だ。　Fuji-san wa takai koto bakari de naku, kirei na koto de mo yūmei da.
　　Le mont Fuji n'est pas seulement célèbre pour son altitude élevée, mais aussi pour sa beauté.

夏休みには、登山することに決めた。　Natsu-yasumi ni wa, tozan suru koto ni kimeta.
　　J'ai décidé de faire de la montagne aux grandes vacances.

平仮名を習うことから始める。　Hiragana o narau koto kara hajimeru.
　　Commencer par apprendre les kana.

あの人は貧乏で、着ることから食べることまでひとの世話になった。
Ano　hito wa bimbō　de, kiru　koto　kara taberu koto made hito no sewa ni natta.

　　Comme il était sans ressources, il a dû compter sur les autres aussi bien pour s'habiller que pour se nourrir.

火を使うことによって人間は文明の新しい段階に入った。
Hi o tsukau koto ni yotte ningen wa bummei no atarashii dankai ni haitta.

　　C'est l'usage du feu qui a fait franchir une étape à la civilisation. (**littéralement** : C'est par le fait d'utiliser le feu que l'humanité a accédé à un nouveau stade de civilisation.)

Remarque: Le déterminant de <u>mono</u> ou de <u>koto</u> lui est souvent rattaché par l'intermédiaire de la locution <u>to iu</u>
("à savoir").

「四十三の父が又結婚すると云う事が其時の私には思いがけなかった」（志賀直哉）。
Yonjūsan no chichi ga mata kekkon suru to iu koto ga sono toki no watashi ni wa omoigakenakatta (Shiga Naoya).
Que mon père se remariât à quarante trois ans était pour moi, tel que j'étais à l'époque, stupéfiant.

あの人は、人前で上手にしゃべれないという事でずいぶん損をしている。
Ano hito wa, hitomae de jōzu ni shaberenai to iu koto de, zuibun son o shite iru.
Cela lui fait tort de ne pas savoir parler en public.

「ねじ、びょうなどの鉄製品を溶かして元の鉄のかたまりにもどすことは出来ますが、種子から成長した大木を再び元の種子にもどすという
ことは出来ません」（八田貞義）。
Neji, byō nado no tessei-hin o tokashite moto no tetsu no katamari ni modosu koto wa dekimasu ga, shushi kara seichō
shita taiboku o futatabi moto no shushi ni modosu to iu koto wa dekimasen (Hatta Sadayoshi).
Il est possible de fondre, pour les ramener à leur état initial de bloc de fer, des vis ou des clous, mais on ne
peut ramener les arbres à leur état originel de graines.

L'emploi de <u>to iu</u> est nécessaire quand <u>koto</u> nominalise une interrogative, un volitif, etc.

トインビーが日本を訪れたとき、彼の関心事の一つは、日本人の生活にとって仏教がどれだけの役割を果したかということであった。
Toinbī   ga Nihon o otozureta toki, kare no kanshin-ji no hitotsu wa, Nihon-jin no seikatsu ni totte bukkyō ga dore dake no
yakuwari o hatashita ka to iu koto de atta.

Quand Toynbee vint au Japon, l'une des choses qui l'intéressaient était la question du rôle joué par le bouddhisme
dans la vie japonaise (littéralement : la chose à savoir : quel rôle a joué le bouddhisme...).

あなたが一人で行こうということは、私達を信用しないということなのですか？
Anata ga hitori de ikō to iu koto wa, watashitachi o shin.yō shinai to iu koto na no desu ka?
Que tu veuilles y aller tout seul, est-ce parce que tu n'as pas confiance en nous?

| VERBE ou MOT DE QUALITE + koto ga aru | Littéralement : "le fait de / que... se produit" "il arrive que..." "parfois..." |

La proposition nominale formée avec koto est notamment employée comme sujet des verbes aru : "exister" et dekiru : "être possible". Ce sont là des tours très usuels.

日本語で手紙を書くことがありますか？　Nihongo de tegami o kaku koto ga arimasu ka ?
   Vous arrive-t-il d'écrire des lettres en japonais ?

パリでは五月でも非常に寒いことがあります。　Pari de wa gogatsu demo hijō ni samui koto ga arimasu.
   A Paris, il arrive qu'il fasse très froid même en mai.

東京では、夜遅くひとりで歩いて、危険なことはありませんか？
Tōkyō de wa, yoru osoku hitori de aruite, kiken na koto wa arimasen ka ?
   N'est-il pas parfois dangereux de se promener seul tard dans la nuit à Tôkyô ?

Si l'ensemble de l'énoncé est situé dans le passé, l'expression devient -koto ga atta, qui indique la répétition dans le passé (en français, le tour sera rendu le plus souvent par un imparfait d'habitude).

日本語で手紙を書くことがありましたか？　Nihongo de tegami o kaku koto ga arimashita ka ?
   Vous arrivait-il alors d'écrire des lettres en japonais ?
   Ecriviez-vous parfois des lettres en japonais ?

あまり忙しい時は、サンドイッチで食事を済ますことがあった。
Amari isogashii toki wa, sandoitchi de shokuji o sumasu koto ga atta.
   Quand j'étais trop bousculé, il m'arrivait de me contenter d'un sandwich pour le repas.

たった一行を訳すのに、まる一日掛かることもあった。
Tatta ichigyō o yakusu no ni, maru ichinichi kakaru koto mo atta.
   Parfois je mettais un jour entier pour traduire une seule ligne.

彼は一時期、夏休みになると軽井沢へ行くことがあった。
Kare wa ichijiki, natsu-yasumi ni naru to Karuizawa e iku koto ga atta.
   A une certaine époque, il allait parfois pour les vacances d'été à Karuizawa.

Le tour -ta koto ga aru (littéralement : "le fait d'avoir (fait)...existe") indique que, l'action ayant eu lieu au moins une fois dans le passé, le sujet possède actuellement telle ou telle expérience.　　Il y a à peu près la même différence entre ce tour et la simple forme en -ta (qui situe seulement l'action à un moment du passé), que, en français classique, entre le passé composé et le passé simple.　　Parfois, l'adverbe "déjà" pourra rendre cette idée d'expérience.

去年、東京へ行きました。　Kyonen, Tōkyō e ikimashita.
　　L'an dernier, je suis allé à Tôkyô.

東京へ行ったことがあります。　Tōkyō e itta koto ga arimasu.
　　Je suis déjà allé à Tôkyô (sous-entendu : c'est une ville que je connais).

田中さんに会ったことがあります。　Tanaka-san ni atta koto ga arimasu.
　　J'ai déjà rencontré M. Tanaka (je le connais).

一時、あの人と非常に親しかったことがありますが、今はもう付き合っていません。
Ichiji, ano hito to hijō ni shitashikatta koto ga arimasu ga, ima wa mō tsukiatte imasen.

　　Il m'est arrivé à un moment d'avoir avec lui des relations très amicales, mais je ne le vois plus.

三年前でしたが、砂糖の値段が一時非常に高かったことがあります。
Sannen mae deshita ga, satō no nedan ga ichiji hijō ni takakatta koto ga arimasu.
　　Il est arrivé une fois - c'était il y a trois ans - que le sucre soit très cher.

Remarque :　Si le français dispose d'une forme particulière (le plus-que-parfait) pour indiquer l'antériorité dans le

　　　　passé, en japonais, les marques temporelles restent assez vagues: aussi, quand l'ensemble du récit se situe

　　　　dans le passé, emploie-t-on à peu près indifféremment -ta koto ga aru et -ta koto ga atta, ce dernier étant

　　　　plus emphatique.

彼は二十年前に東京へ行った {ことがあります。/ことがありました。}　Kare wa nijū-nen mae ni Tōkyō e itta {koto ga arimasu./koto ga arimashita.}
　　Il était allé à Tôkyô vingt ans auparavant.

海で泳いだのはあの時が最初 {です/でした} が、その前に何度もプールで泳いだことが {あります。/ありました。}
Umi de oyoida no wa ano toki ga saisho {desu/deshita} ga, sono mae ni nando mo pūru de oyoida koto ga {arimasu./arimashita.}
　　C'est à ce moment-là que j'ai pour la première fois nagé en mer, mais avant cela j'avais bien souvent nagé en
　　piscine.

On notera que le suffixe -ta n'a pas uniquement une valeur temporelle : il peut indiquer que l'on découvre l'existence

d'une réalité (valeur "psychologique", en français : "ah oui! je le savais!" pour "je le sais bien").   On dira donc

aussi bien :

あ、そう　そう。そういえば、あなたと一緒にあのレストランへ行ったことが{ありましたね。/ありますね。}

A, sō sō, sō ieba, anata to issho ni ano resutoran e itta koto ga { arimashita ne. / arimasu ne. }

　　Mais oui, au fait, je suis déjà allé dans ce restaurant avec vous !

あの人でも泣くことがあったの。　Ano hito demo naku koto ga atta no !
　　Tiens, lui aussi, ça lui arrive de pleurer ! Il sait donc pleurer !

Résumé schématique :

-u koto ga aru	répétition dans le présent ("il arrive parfois que... / de...")	entre ces deux tours, diffé-
-u koto ga atta	répétition dans le passé ("il arrivait parfois...")	rence d'ordre temporel.

-ta koto ga aru	fait passé (unique ou répété) ("il est arrivé que...")	entre ces deux tours, diffé-
-ta koto ga atta		rence d'ordre psychologique.

Au négatif, le tour -koto ga nai / -koto wa nai indique que l'on ne fait jamais (que l'on n'a jamais fait) l'action

exprimée par le verbe :

探偵小説を読んだことはありません。　Tantei-shōsetsu o yonda koto wa arimasen.
　　Je n'ai jamais lu de roman policier.

去年までは生魚を食べたことがなかった。　Kyonen made wa, nama-zakana o tabeta koto ga nakatta.
　　Jusqu'à l'an dernier je n'avais jamais mangé de poisson cru.

N.B. On ne confondra pas ce type de phrase avec le schéma -nai koto ga aru, qui signifie littéralement

　　"il arrive que... ne... pas".

主人は無口な人で、時には一週間一言もしゃべらないことがあります。

Shujin wa mukuchi na hito de, toki ni wa, isshūkan hitokoto mo shaberanai koto ga arimasu.

    Il arrive parfois que mon mari, qui est taciturne, reste une semaine sans dire un mot.

あの人の話は一向にまとまりがなく、何を話しているのか よく分らないことがあります。

Ano hito no hanashi wa, ikkō ni matomari ga naku, nani o hanashite iru no ka yoku wakaranai koto ga arimasu.

    Il tient parfois des propos si incohérents qu'on ne comprend pas ce qu'il dit.

若い時には 友達と話していて、一晩中寝ないことも度々あった。

Wakai toki ni wa, tomodachi to hanashite ite, hitobanjū nenai koto mo tabitabi atta.

    Quand j'étais jeune, il m'arrivait souvent de ne pas dormir de la nuit, parce que je bavardais avec des amis.

On recourt parfois au redoublement de la négation : -nai koto wa nai (littéralement : "il n'arrive jamais que...ne...pas") pour renforcer l'affirmation ("il arrive toujours").

北海道では、冬に雪が降らないことはない。   Hokkaidō de wa, fuyu ni yuki ga furanai koto wa nai.

    Dans le Hokkaidô, il neige tous les hivers (= il n'arrive jamais qu'il ne neige pas l'hiver).

ちゃんと勉強した学生が合格しないなんてことはない。   Chanto benkyō shita gakusei ga gōkaku shinai nante koto wa nai.

    On ne voit jamais d'étudiants sérieux échouer (littéralement : il n'arrive jamais qu'un étudiant qui a bien travaillé ne passe pas).

Remarques :

    Toute phrase où figurent les mots ...koto ga aru, ...koto wa nai, ne relève pas nécessairement de l'usage que nous venons d'indiquer.   Il pourra notamment s'agir des emplois suivants :

1. Koto pris au sens plein (cf. ci-dessus, I). Par exemple :

    困った事があるんだ。   Komatta koto ga aru n da.
      Il y a quelque chose qui m'ennuie.

    ちょっと君に言いたい事があります。   Chotto kimi ni iitai koto ga arimasu.
      J'ai quelque chose à te dire.

    私はもう何も言う事はない。   Watashi wa mō nani mo iu koto wa nai.
      je n'ai plus rien à dire.

2. De tours figés ayant un usage spécifique :

a) ...dake no koto wa aru : "cela vaut la peine de..."

行ってみるだけのことはある。　Itte miru dake no koto wa aru.
Ça vaut la peine d'y faire un tour.

b) ...koto wa nai : "il n'est pas nécessaire de..."

急ぐことはない。　Isogu koto wa nai.
Inutile de s'affoler.

Au positif, l'expression la plus proche serait ...dake no koto wa aru (cf. a).

c) ...koto wa nai, ...to iu koto wa nai : "il n'est pas vrai que...", "on ne peut dire que...".   Ce tour est,
pour le sens, proche de ...to wa kagiranai. Il n'a pas d'équivalent au positif.

新聞がいつも正しいということはない。　Saimbun ga itsumo tadashii to iu koto wa nai.
Ce que disent les journaux n'est pas toujours   exact.

流行がいつも悪いということはない。　Ryûkô ga itsumo warui to iu koto wa nai.
On ne peut dire que les modes soient toujours mauvaises.

De même, on recourt au tour -nai koto wa nai pour "nier la négation", c'est-à-dire pour réfuter une assertion
négative ("on ne peut dire que... ne... pas", d'où : "il arrive parfois que...").

東京でも雪が降らないことはない。　Tôkyô de mo yuki ga furanai koto wa nai.
Ce n'est pas qu'il ne neige pas à Tôkyô aussi.

On ne peut dire qu'il ne neige jamais à Tôkyô.

VERBE + koto ga dekiru	Littéralement : "le fait de / que... est possible", "pouvoir".

お金さえあれば、簡単に日本へ行くことが出来ます。　O-kane sae areba, kantan ni Nihon e iku koto ga dekimasu.
  Si on a de l'argent, on peut facilement aller au Japon.

すぐ食べることが出来ますか？　Sugu taberu koto ga dekimasu ka?
Peut-on manger tout de suite ?

今日は、夕食までにうちに帰ることが出来ない。　Kyō wa, yūshoku made ni uchi ni kaeru koto ga dekinai.
  Aujourd'hui, je ne pourrai pas rentrer avant le dîner.

昔は、百円もあれば、大阪まで旅行することが出来ました。　Mukashi wa, hyaku-en mo areba, Ōsaka made ryokō suru koto ga
Jadis, avec cent yen, on pouvait aller jusqu'à Ôsaka.　　　　　　　　　　　　　　　dekimashita.

N.B.　**Dans tous ces cas, on emploie volontiers les formes potentielles.**　Ex. 簡単に日本へ行けます（行かれます）。

   Il n'y a pas de tour comparable avec <u>mono</u>.

VERBE + koto ni suru	Littéralement : "opter pour le fait de", "décider de".

日本語の勉強を止めることにしました。　Nihongo no benkyō o yameru koto ni shimashita.
  J'ai décidé d'abandonner le japonais.

もうお酒を飲まないことにしました。　Mō o-sake o nomanai koto ni shimashita.
  J'ai décidé de ne plus boire.

| VERBE + koto ni naru | "on décide que" | -koto ni narimashita : "il a été décidé que" |

大阪へ転勤することになりました。　Ōsaka e tenkin suru koto ni narimashita.
On a décidé de me muter à Ôsaka.

今年の夏は家族で箱根へ行くことになりました。　Kotoshi no natsu wa kazoku de Hakone e iku koto ni narimashita.
Finalement, nous irons cet été en famille à Hakone.

N.B.　Il n'y a pas de tour correspondant avec mono : dans la phrase suivante, mono garde son sens plein.

私はあたたかい物にします。　Watakushi wa, atatakai mono ni shimasu.
Je prendrai (**litt.** : je choisis) quelque chose de chaud.

| VERBE ou MOT DE QUALITE + to iu koto da | "il paraît que", "on dit que". |

花が咲いた{とのことだ。／ということだ。}　Hana　ga　saita {to no koto da.／to iu koto da.}
Il paraît que les fleurs sont écloses.

京都の祇園祭はすばらしいということだ。　Kyōto no Gion-matsuri wa subarashii to iu koto da.
On dit que la fête de Gion à Kyôto est magnifique.

N.B.　Ce tour est l'équivalent de sô da.

B) MONO

VERBE A LA FORME EN -tai + mono da

-mono da **renforce le désidératif.**

早くフランス語がすらすら話せるようになりたいものだ。　Hayaku furansugo ga surasura hanaseru yō ni naritai mono da.
Je voudrais arriver vite à parler français couramment !

VERBE A LA FORME EN -ta + mono da

-mono da **indique que l'on rappelle une habitude passée.**

よくあの喫茶店でおしゃべりをしたものだ。　Yoku ano kissaten de o-shaberi o shita mono da.
J'ai bien souvent bavardé dans ce café.

彼はよくうちに遊びに来たものだ。　Kare wa yoku uchi ni asobi ni kita mono da.
Il venait souvent passer un moment chez nous.

Remarques :

1)　On ne confondra pas ce tour avec la formule de présentation -mono desu :

この間お電話した者ですが。　Kono aida o-denwa shita mono desu ga.
C'est moi qui vous ai téléphoné l'autre jour.

2)　Ce tour n'est guère usité avec des formes négatives.

Après une forme "volitive" <u>mono nara</u> indique l'hypothèse ; on l'emploie dans le cas d'une éventualité considérée comme improbable, et qui aurait des conséquences fâcheuses.

そんな事を言おうものなら、ばかだと思われる。　Sonna koto o iō mono nara, baka da to omowareru.

   Si on osait dire une pareille chose, on serait pris pour un imbécile.

こんな物を子供に食べさせようものなら、死んでしまうよ。　Konna mono o kodomo ni tabesaseyō mono nara, shinde shimau yo.

   Si vous faisiez manger une chose pareille à un enfant, il en mourrait.

<u>Mono desu / da</u> donne à la subordonnée causale une nuance d'auto-justification.

汽車が遅れたものですから．．．　Kisha ga okureta mono desu kara...

   Mais c'est que le train a eu du retard !

知らなかったものですから。　Shiranakatta mono desu kara.

   C'est parce que je n'étais pas au courant !

Dans la langue parlée, on utilise volontiers <u>-n da mono</u>.

なぜ きのう来なかったの？― だって雪が降ってたんだもの。　Naze kino konakatta no ? — Datte, yuki ga futteta n da mono.

   Pourquoi n'es-tu pas venu hier ? -　Tiens !　Il neigeait !

Nous avons vu en commençant que <u>mono</u> et <u>koto</u> désignaient des choses, des êtres, des faits, des réalités de toute sorte. Les deux termes sont employés comme des sortes de "pronoms" indéfinis neutres, correspondant à peu près au français "quelque chose (de..., qui..., que..., dont..., etc.)", ou "ce (qui..., que..., etc.)".

人生ははかないものです。　Jinsei wa hakanai mono desu.

La vie humaine est
{ quelque chose d'éphémère.
{ chose passagère.
{ éphémère.

君の言う事は分りません。　Kimi no iu koto wa wakarimasen.
Je ne comprends pas ce que tu dis.

L'emploi de <u>mono</u> et de <u>koto</u> présente des difficultés pour le locuteur étranger, dans la mesure où la répartition des emplois entre ces deux termes est beaucoup moins nette que dans les cas présentés dans les précédents chapitres : à première vue, <u>mono</u>, aussi bien que <u>koto</u>, peut renvoyer à des réalités "abstraites". En fait, le choix entre l'un ou l'autre de ces deux termes ne peut être fixé en vertu d'une règle grammaticale qu'il suffirait d'appliquer mécaniquement : le choix dépend, en fait, du <u>point de vue du locuteur</u> sur la réalité, et met en jeu de délicates nuances d'expression. On notera toutefois que, tout compte fait, la répartition des emplois entre <u>mono</u> et <u>koto</u> reflète plus ou moins la distinction que nous avons posée en commençant.

MONO

Bien qu'il ne s'agisse pas, dans ce cas, d'un objet matériel, mono est utilisé lorsque la réalité envisagée peut être cernée d'un contour net, qu'elle est conçue comme un tout, comme l'"objet" du souvenir, de l'imagination, qu'elle se présente à l'esprit comme une image bien définie, en quelque sorte statique, de nature "substantive".

恋に勝るものはない。　Koi ni masaru mono wa nai.
　　Il n'est rien qui vaille plus que l'amour.

「彼の源氏物語の読み方は、浅薄なものになってしまった」
　　　　　　　　　　　　　　　　　（梅原 猛）。
Kare　no Genji- monogatari no yomikata wa sempaku na mono ni natte shimatta (Umehara Takeshi).
　　Sa lecture du "Genji-monogatari" prend un caractère superficiel (littéralement : devient quelque chose de superficiel) (à cause de sa méconnaissance du bouddhisme).
　　(Umehara Takeshi à propos de Motoori Norinaga).

Dans ces deux phrases, les réalités "abstraites" que sont l'amour et la lecture du "Genji-monogatari" sont proposées comme des "objets" déjà constitués, sur lesquels le locuteur porte un jugement de valeur, comme il le ferait à propos d'objets matériels.

KOTO

Koto est employé lorsque le concept est encore mal défini, qu'on ne peut se représenter la réalité avec précision, quand il s'agit d'un phénomène à débrouiller ou à démonter, d'un processus encore inachevé ; l'expression a donc un caractère "verbal".

そんなことは知らなかった。　Sonna koto wa shiranakatta.
　　Je ne savais pas cela.　J'ignorais cet événement.
　　Je ne savais pas qu'il se passait de pareilles choses.

「はじめに、どのようにして私が甘えということを問題にするようになったかをのべたいと思う」（土居 健郎）。
Hajime ni dono yō ni shite watakushi ga amae to iu koto o mondai ni suru yō ni natta ka o nobetai to omou (Doi Takeo).
　　"Je voudrais d'abord dire pourquoi j'ai été amené à mettre en question le concept d'amae".

Pour l'auteur, le concept d'"amae" est encore vague, touffu ; il n'en a pas encore trouvé l'unité ni précisé les contours : il ne l'a donc pas devant les yeux comme un "objet" clair et net, mais comme un mécanisme complexe à explorer.

C'est ainsi que s'expliquent des tours très courants :

どういうものでしょうか？　Dō iu mono deshō ka？
    Qu'en pensez-vous?　Comment voyez-vous la chose? ⟷

こんなものでいかがでしょうか？　Konna mono de ikaga deshō ka？
    Que pensez-vous de cette solution? ⟷

Ainsi quand on interroge quelqu'un sur les ressorts d'une affaire :

どういうことでしょうか？　Dō iu koto deshō ka？
    De quoi s'agit-il donc?

こんなことでよろしくお願いします。
  Konna koto de yoroshiku o-negai shimasu.
    La situation étant telle, merci d'avance. Veuillez suivre les indications que je vous ai données.

MONO

Peut-être parce qu'à l'origine il implique que le locuteur se trouve en présence d'un objet concret avec lequel il entretient des rapports "vécus", mono s'emploie.

1) lorsqu'on fait part d'une expérience personnelle :

ああ、休みが沢山あるのはいいものだ！
Aa, yasumi ga takusan aru no wa, ii mono da.
    C'est bien bon d'avoir beaucoup de vacances !

パリで日本語を教えるなんて、楽なものではありませんよ。
Pari de nihongo o oshieru nante, raku na mono de wa arimasen yo.
    Enseigner le japonais à Paris n'est pas facile, croyez-moi !

KOTO

On emploie koto s'il s'agit d'une simple représentation mentale, par quoi le locuteur ne se sent pas directement "concerné" : définition atemporelle, jugement porté in abstracto, règle qui reste du domaine de la virtualité ; souvent, le locuteur reste psychologiquement détaché du contenu de l'énoncé.

それは良いことだ。　Sore wa yoi koto da.
    C'est bien.

パリで日本語を教えるのは楽なことではない。
Pari de nihongo o oshieru no wa, raku na koto de wa nai.
    Il est difficile d'enseigner le japonais à Paris.
    (Le jugement est porté de l'extérieur, objectivement, à partir de l'expérience d'autrui, par exemple.)

2) lorsqu'on se réfère à une vérité générale, dans la
   mesure où on en a soi-même vérifié la validité :

   人は死ぬものだ。　Hito wa shinu mono da.
   　Les hommes sont mortels.

   冬は寒いものだ。　Fuyu wa samui mono da.
   　L'hiver, il fait froid.

   仕事は辛いものだ。　Shigoto wa tsurai mono da.
   　Le travail, c'est pénible.

   教育というのは、時間が掛かるものだ。
   Kyōiku to iu no wa, jikan ga kakaru mono da.
   　L'éducation est une affaire de longue haleine.

3) lorsque l'énoncé a une couleur affective, qu'il
   est proposé sur le mode exclamatif :

   教育というのは、時間が掛かるものだ。
   Kyōiku to iu no wa, jikan ga kakaru mono da.
   　L'éducation demande du temps !   ←→

   あの人も立派になったものだ。
   Ano hito mo rippa ni natta mono da.
   　Qu'il est devenu bien, lui aussi !

   子供をほっぽらかしてバカンスに行っちゃうなんて、
   どういうもんでしょうか。
   Kodomo o hopporakashite bakansu ni ittchau nante,
   dō iu mon deshō ka.
   　Qu'est-ce que c'est que çà!　Abandonner ses   ←→
   enfants pour partir en vacances!

   子供を教育するのは、時間が掛かることだ。
   Kodomo o kyōiku suru no wa, jikan ga kakaru koto da.
   　(On peut poser comme principe que) l'éducation des
   enfants est affaire de temps.

   どういうことでしょうか？　Dō iu koto deshō ka?
   　Qu'entendez-vous par là? Qu'est-ce que cela peut
   vouloir dire (Expliquez-moi...)?

彼の敬語の使い方は大したものだ。
Kare no keigo no tsukaikata wa, taishita mono da.

> Je suis émerveillé de voir comme il utilise
> bien les "mots de politesse"!

あの人がともかくあそこまでやりとげたのは 感心すべきことだ。
Ano hito ga tomokaku asoko made yaritogeta no wa, kanshin
subeki koto da.

> C'est admirable qu'il ait pu malgré tout arriver à
> cela.

大したことではありませんが、御参考までに付け加えました。
Taishita koto de wa arimasen ga, go-sankō made ni
tsukekuwaemashita.

> Ce n'est pas grand -chose, mais je l'ai ajouté à
> titre indicatif.

Remarques :

1. Pour la clarté de l'exposé, nous avons distingué trois emplois de mono ; mais le rapport qui les unit est évident.
    Dans une même expression, on peut voir la superposition de plusieurs usages (aussi avons-nous pu reprendre le même
    exemple dans des paragraphes différents).

2. On a parfois intérêt à considérer mono da comme une sorte de clausule exclamative, indiquant l'émotion, le désir,
    etc. (cf. p. 49   son emploi après le désidératif -tai).   Par exemple, l'énoncé fuyu wa samui mono da ne doit
    pas s'analyser comme : fuyu wa + samui mono da (type   A wa B da), mais plutôt comme : fuyu wa samui (= énoncé
    complet) + mono da .

3. On retiendra l'idiotisme : -mo nanimo atta mono de wa nai : "il ne s'agit pas de", "pas question de".

    流行も何もあったものではない。 いつも同じ格好で働いている。
    Ryūkō mo nanimo atta mono de wa nai, itsumo onaji kakkō de hataraite iru.
    Mode ou pas, je mets toujours les mêmes vêtements pour aller au travail.

Application particulière : le cas des clausules MONO DA et KOTO DA pour exprimer l'impératif

Mono da s'emploie lorsque l'injonction, adressée à
soi-même ou à autrui, se réfère à une loi générale
dont on ressent personnellement la validité.

仕事をする前には腹ごしらえするものだ。
Shigoto o suru mae ni wa, haragoshirae suru mono da.
　　Il faut prendre des forces avant de se mettre
　　au travail !

やはり、ラボへ行くものだ。　Yahari, rabo e iku mono da.
　　Tu vois, décidément, ça valait la peine d'aller
　　au labo !

やってみるものだ。　Yatte miru mono da.
　　C'est une chose à faire! (Satisfaction après
　　une expérience réussie)

夜は寝るものだ。・Yoru wa neru mono da.
　　La nuit, on dort ! (Allez vous coucher !)

Forme négative :

男は泣くものではない。　Otoko wa naku mono de wa nai.
　　Un homme ne pleure pas! (Arrête de pleurer!)
人の悪口は{言わないものだ。/言うものではない。}
Hito no warukuchi wa {iwanai mono da. / iu mono de wa nai.}
　　On ne dit pas du mal des gens !

Koto da s'emploie lorsque l'ordre est donné à autrui.

仕事をするなら、腹ごしらえすることだ。
Shigoto o suru nara, haragoshirae suru koto da.
　　Si vous avez à travailler, il faut d'abord vous gar-
　　nir l'estomac !

外国語が上手になりたかったら、ラボを利用することだ。
Gaikoku-go ga jōzu ni naritakattara, rabo o riyō suru
koto da.
　　Si vous voulez apprendre une langue étrangère, il
　　faut vous servir du laboratoire.

やってみることだ。　Yatte miru koto da.
　　Il faut vous y mettre.

Souvent, l'ordre porte sur une situation particulière, et
le locuteur ne s'engage pas personnellement dans l'avis
qu'il donne (cf. les exemples ci-dessus).

疲れたら、早く寝ることだ。　Tsukaretara, hayaku neru koto da.
　　Si vous êtes fatigué, il faut vous coucher tôt.

Forme négative : on emploie toujours -nai koto da.

疲れているなら、夜更かししないことだ。
Tsukarete iru nara, yofukashi shinai koto da.
　　Si vous êtes fatigué, il ne faut pas veiller.

Application particulière : l'expression de la supposition MONO TO OMOIMASU et KOTO TO OMOIMASU

Le caractère plus concret de mono explique qu'il soit employé lorsque l'objet de la supposition est considéré comme acquis, comme une réalité.

お目に掛かれるものと思って来ましたが・・・
O-me ni kakareru mono to omotte kimashita ga...

　　Je suis venu avec la certitude que je pourrais
　　vous rencontrer...

今日は、彼は授業に出ないものと思って下さい。
Kyō wa, kare wa jugyō ni denai mono to omotte
kudasai.
　　Considérez qu'aujourd'hui il ne viendra pas au cours.

小包は無事に着いたものと思っていましたが、　まだ着いて
いないとは驚きました。
Kozutsumi wa buji ni tsuita mono to omotte imashita ga,
mada tsuite inai to wa odorokimashita.
　　J'étais persuadé que le paquet vous était bien
　　arrivé, et je suis stupéfait d'apprendre qu'il
　　n'est pas encore là.

On emploie koto lorsqu'il s'agit d'une supposition gratuite.

Ce tour peut être remplacé par koto deshô.

お元気でいらっしゃることと思います。
O-genki de irassharu koto to omoimasu.
　　Je suppose (J'espère) que vous allez bien.

明日　彼は来ることと思います。
Ashita kare wa kuru koto to omoimasu.
　　Je suppose qu'il viendra demain.

小包は無事に着いたことと思います。
Kozutsumi wa buji ni tsuita koto to omoimasu.
　　J'imagine que le paquet vous est arrivé.

ANALYSE D'EXEMPLES TIRES DE TEXTES JAPONAIS

1) 「一つの作品をつくる時に、最後に発見することは、最初に置くべきものを知ることである」（森 有正 訳）。

Hitotsu no sakuhin o tsukuru toki ni, saigo ni hakken suru koto wa, saisho ni okubeki mono o shiru koto de aru   (Mori Arimasa yaku).

"La dernière chose qu'on trouve en faisant un ouvrage, est de savoir celle qu'il faut mettre la première."

(Pascal)

Si, pour rendre "la dernière chose", le traducteur de Pascal a choisi koto, c'est parce que le mot "chose" recouvre une idée verbale : comme l'indique la fin de la phrase, il s'agit du fait de savoir. En revanche, pour rendre "celle" (c.-à-d. "la chose qu'il faut mettre la première"), il a employé mono, car il s'agit d'un concept nominal : si on explicitait le pronom "celle", on dirait "l'argument", "le développement", etc. Enfin "savoir" est rendu par shiru koto, koto étant seul capable de faire d'un verbe un substantif (un "infinitif").

2) 「甘がき 渋がきとその種類の多いこと（は），全く大変なものです」（森谷 憲　「日本の植物」）。

Amagaki, shibugaki to sono shurui no ōi koto (wa), mattaku taihen na mono desu   (Moriya Ken, Nihon no shokubutsu).

"Le grand nombre des espèces de kakis, doux, amers ou autres, est quelque chose de prodigieux."

Koto s'impose pour nominaliser la phrase "les espèces de kakis sont nombreuses" --- "le fait que les espèces soient nombreuses" (cf. le deuxième koto de l'exemple 1). Mono, dans l'expression taihen na mono desu a une valeur emphatique (cf. plus haut, p.54).

3) 「どうもこのせちがらい世の中では、なかなか悪いことというものはうまくできないものだ」（宮原　昭夫　「海のロシナンテ」）。

Dōmo kono sechigarai yo no naka de wa, nakanaka warui koto to iu mono wa, umaku dekinai mono da　　(Miyahara Akio, Umi no Roshinante).

> Vraiment, en ce triste monde, faire le mal est bien difficile!
> (N.B. réflexion ironique d'un personnage dont les mauvais desseins ont échoué).

L'expression warui koto to iu mono peut déconcerter. Warui koto est une expression usuelle signifiant "acte mauvais, (une) méchanceté" (cf. l'expression watashi wa nanimo warui koto wa shite inai : "je ne fais rien de mal") ; en ce sens, koto a son sens plein de "acte", "fait", etc. et s'oppose à mono désignant un être concret (cf. warui mono : "un homme méchant" ou "un objet défectueux"). Ici, en reprenant warui koto par to iu mono, l'auteur pose les "mauvaises actions" comme objet de sa méditation : il ne considére pas les actes méchants un à un, mais, globalement, la méchanceté comme un tout. Quant au mono da qui clôt la phrase, il s'agit de la clausule à valeur emphatique, employée dans une définition générale reposant sur l'expérience (cf. p. 54-55).

4) 「困ったことには、波が静かだということは、風がないということだ」（同上）。

Komatta koto ni wa, nami ga shizuka da to iu koto wa, kaze ga nai to iu koto da　　(ibid.).

> Par malheur, si la mer est calme, c'est seulement parce qu'il n'y a pas de vent (littéralement : le fait que la mer soit calme, c'est parce qu'il n'y a pas de vent).

L'expression komatta koto ni wa est une locution figée (cf. p. 38). Quant aux deux autres koto, ce sont des nominalisateurs : à partir des éléments shizuka da, kaze ga nai, on obtient des équivalents de substantifs : "le calme", "l'absence de vent".

5) 「甘えということは 結局、母子の分離の事実を心理的に否定しようとするものであるといえないだろうか」（土居健郎「甘えの構造」）。

Amae to iu koto wa kekkyoku, boshi no bunri no jijitsu o shinri-teki ni hitei shiyō to suru mono de aru to ienai darō ka (Doi Takeo, _Amae no kōzō_).

Ne pourrait-on dire que l'amae (1) est finalement l'attitude qui consiste à tenter de nier, psychiquement, cette réalité qu'est la séparation d'avec la mère ?

(1) amae : attitude qui consiste à miser sur l'indulgence d'autrui.

Au point de vue formel, cette phrase paraît semblable à celle de l'ex. 2, puisqu'elle est aussi construite sur le schéma : ... koto wa, ... mono de aru. Mais, en fait, elle doit s'analyser un peu différemment. Ce qui peut surprendre, c'est que le même mot amae soit d'abord repris par koto (amae to iu koto : "cette chose qu'est l'amae"), puis par mono (hitei shiô to suru mono : "quelque chose (qui consiste à) tenter de nier") ; cet exemple montre bien que le choix entre mono et koto est affaire de point de vue : ici, le point de vue change au cours de la phrase. En tête de phrase, quand l'auteur pose le thème de sa réflexion, amae est encore un phénomène dont il s'agit d'analyser le mécanisme (cf. ex. 4) ; mais lorsqu'il arrive à la fin de la phrase, il a saisi ce qu'était l'amae : amae est maintenant un concept cohérent, que l'auteur propose comme un objet à l'assentiment du lecteur. Amae est donc devenu un mono... et en français on recourt naturellement à des noms comme "attitude", "comportement".

6)　「それを見て、主人は時間といふことを考へる。　生といふことを考へる。　死といふことを考へる。〔…〕併し死といふものは、生といふものを考へずには考へられない。　死を考へるといふのは生が無くなると考へるのである」（森 鷗外 「妄想」）。

Sore o mite, shujin wa jikan to iu koto o kangaeru. Sei to iu koto o kangaeru.　Shi to iu koto o kangaeru.　(...). Shikashi shi to iu mono wa, sei to iu mono o kangaezu ni wa kangaerarenai.　Shi o kangaeru to iu no wa sei ga nakunaru to kangaeru no de aru　(Mori Ōgai, <u>Mōsō</u>).

En voyant cela (un lever de soleil sur la mer), l'homme pense au temps.　Il pense à la vie.　Il pense à la mort.　(...) Mais on ne saurait concevoir la mort sans concevoir la vie ; car concevoir la mort, c'est concevoir la disparition de la vie.

("L'homme" dont il s'agit est le héros de la nouvelle.　Dans le passage omis ici, il se rappelle la définition que Schopenhauer a donné de la mort, inspiratrice de la philosophie.)

Cet exemple est identique au précédent : les mêmes mots <u>sei</u> ("la vie") et <u>shi</u> ("la mort") sont d'abord repris par <u>to iu koto</u>, puis par <u>to iu mono</u> ; tout d'abord, en effet, ce sont pour le personnage des notions auxquelles il pense confusément ; mais peu à peu, notamment par le biais de la définition de la mort proposée par Schopenhauer, les concepts se précisent et deviennent des objets proposés à la réflexion. Dans ce type de phrase, le français est impuissant à rendre l'expression <u>to iu koto / mono</u> ; un moyen pour conserver la distinction entre <u>koto</u> et <u>mono</u> est de recourir à des verbes différents pour rendre <u>koto o kangaeru</u> et <u>mono o kangaeru</u> ("penser à" et "concevoir") ; on notera aussi la nuance qui existe entre "penser à quelque chose" et " penser quelque chose".

7) 「思った事を、思った通り書くなど、雑作も無い様に考えられるが、さて書いてみると、中々思い通りにはいかないもので、人と
向かってしゃべる様に書けばいいものの、その、しゃべる様に書くというのが、大変な事なのである」（森田 たま「手紙について」）。
Omotta koto o, omotta tōri kaku nado, zōsa mo nai yō ni kangaerareru ga, sate kaite miru to, nakanaka omoidōri ni wa
ikanai mono de, hito to mukatte shaberu yō ni kakeba ii mono no, sono shaberu yō ni kaku to iu no ga, taihen na koto na
no de aru   (Morita Tama, Tegami ni tsuite).

> Ecrire ce qu'on pense, comme on le pense, on pourrait croire que ce n'est pas une affaire ; mais quand
> on se met à écrire, cela ne va pas comme on pensait ; bien que l'on n'ait qu'à écrire comme si on
> bavardait avec quelqu'un, c'est justement d'écrire comme si l'on bavardait qui est difficile.

Dans l'expression, très courante, omotta koto (ou omou koto) : "ce que l'on pense", koto a son sens plein
(cf. p. 34 à 38). Dans l'expression omoidōri ni ikanai mono de ("cela ne va pas comme on l'imaginait"),
on a affaire au mono employé dans des affirmations à valeur générale, à propos de faits dont le locuteur
a lui-même l'expérience ; l'expression a une valeur légèrement affective (exclamative) (cf. §III, p. 53-54).
Mono no n'appelle pas de remarque particulière : il s'agit de la locution conjonctive à valeur concessive.

On opposera taihen na koto na no de aru à l'expression taihen na mono desu qui concluait l'exemple 2.
L'emploi de koto se justifie doublement : d'une part koto reprend un verbe : kaku, et fait référence
à l'acte d'écrire. D'autre part, il s'agit d'une affirmation qui se veut objective, d'une règle à valeur
quasi scientifique (cf. §III, p. 53-54).

IV. IDIOTISMES

A. EXPRESSIONS ADVERBIALES

Mono s'emploie après un mot indiquant une fraction du temps, pour renforcer l'idée de durée :

一年というもの　Ichinen to iu mono
　　　Pendant toute une année

Koto entre dans certains adverbes de temps :

長いこと　Nagai koto
　　　Longtemps

B. PARTICULES EMOTIVES

1) Mono s'emploie comme interjection en fin de phrase lorsque l'on veut renforcer un argument　(style enfantin ou féminin) :

返事しないの？ —— 分らないもの！
Henji shinai no? —— Wakaranai mono !
　　Tu ne réponds pas? - Mais c'est que je ne
　　sais pas!

Koto s'emploie comme interjection en fin de phrase, avec une valeur d'étonnement admiratif (style féminin) :

まあ、よく走ること！　Maa, yoku hashiru koto !
　　Mon Dieu, qu'il court bien!
まあ、きれいですこと！　Maa, kirei desu koto !
　　Oh! que c'est joli!

2) Mono ka s'emploie comme interjection avec une nuance d'étonnement désapprobateur :

食べるものか、こんなもの！　Taberu mono ka, konna mono !
　　Quoi, manger ça !

Koto s'emploie comme particule interrogative　(style féminin, un peu affecté) :

顔色が悪いわね。病気じゃないこと？
Kao-iro ga warui wa ne. Byōki ja nai koto ?
　　Tu as mauvaise mine.　Tu ne serais pas malade ?

3) Mono o s'emploie comme particule exclamative, pour

    exprimer le regret (emploi vieilli, aujourd'hui sup-

    planté par noni) :

    もしお天気だったら、今ごろ ノルマンディーの海で泳いで
    いたものを …
    Moshi o-tenki dattara, ima goro, Norumandii no umi de
    oyoide ita mono o...
        S'il faisait beau, à pareille époque, je serais
        en train de me baigner en Normandie...

C. EMPLOIS PARTICULIERS A KOTO

1) Dans la formule explicative : ...no koto desu :

    南部富士というのは、岩手山のことです。　Nambu-Fuji to iu no wa, Iwate-san no koto desu.
        Ce qu'on appelle le "Fuji du Nambu", c'est le mont Iwate.

2) Dans la formule restrictive : VERBE ou MOT DE QUALITE + koto wa + même VERBE ou MOT DE QUALITE :

    難しいことは難しかったが、大体できました。
    Muzukashii koto wa muzukashikatta ga, daitai dekimashita.
        Pour ce qui est d'être difficile, ça l'était, mais je m'en suis sorti.

3) Emplois rares, réservés au style officiel :

En tête de phrase : "s'agissant de...", "sur ce point" :

聿これに関しては、大学当局はタッチできない。
Koto kore ni kanshite wa, daigaku tōkyoku wa tatchi dekinai.

    Dans cette situation, les reponsables de l'université sont impuissants.

聿ここに至っては、全員切腹するほかない。
Koto koko ni itatte wa, zen.in seppuku suru hoka nai.

    Arrivé à ce point, nous n'avons plus qu'à nous faire tous seppuku.

Après un pseudonyme, pour annoncer le nom réel :

BB ことブリジット・バルドーは、当時メキシコで撮影中であった。
B B koto, Burijitto Barudō wa, tōji Mekishiko de satsuei-chū de atta.

    BB, c'est-à-dire Brigitte Bardot, était alors en train de tourner au Mexique.

Dans le style administratif, remplace <u>wa</u> après un "pronom" :

私こと この度左記の住所へ転居いたしました。
Watakushi koto, kono tabi saki no jūsho e tenkyo itashimashita.

    Je vous signale que mon adresse est désormais la suivante (lettre de service à un supérieur).

Nous avons réuni dans les Annexes ci-dessous un certain nombre d'expressions courantes, qui ne sont pas données de façon systématique dans les dictionnaires et les grammaires. Ces tableaux se veulent purement pratiques et ne prétendent pas à l'exhaustivité ; il faut d'ailleurs préciser que, s'agissant d'expressions d'usage quotidien, on rencontre de nombreuses variantes dans l'usage, tenant par exmple à l'âge, au sexe, ou à l'origine géographique des locuteurs.

L'Annexe I concerne les spécificateurs (ou classificatifs) numéraux, qui présentent des difficultés tant pour la distribution des numéraux chinois et japonais (notamment pour les chiffres 4 et 7) que pour le phonétisme des composés. On les a répartis en trois grandes catégories : A (numéral sino-japonais), B (numéral japonais) et C (irréguliers). A l'intérieur de chaque catégorie, les vingt-trois spécificateurs les plus usuels sont numérotés, ce qui permettra, en s'y référant, de retrouver la série complète pour les autres spécificateurs, qui figurent en ordre alphabétique à la fin de l'Annexe (p.72). Pour ne pas surcharger le tableau, on y a porté seulement les lectures difficiles, en laissant en blanc les formes constituées par la simple juxtaposition du numéral donné dans la colonne de gauche et du spécificateur figurant en tête des autres colonnes :

Ex.   ichi + gatsu (col. A I) ⟶ ichigatsu ("janvier")

L'Annexe II concerne les adverbes ou locutions adverbiales de temps. On en a presque toujours écarté les expressions analytiques comme tsugi no hi : "le jour suivant" ou encore sono hi no asa : "le matin de ce jour-là", etc. Les adverbes et locutions adverbiales sont répartis en deux tableaux, sur lesquels, pour aérer la présentation, on n'a pas porté la traduction en français, que l'on retrouvera aisément. Dans le premier tableau figurent les adverbes dont la référence temporelle est le moment où parle le locuteur :

    actuel + soir = ce soir (komban)

    avant dernier + jour = avant-hier (ototoi)

    après le prochain + semaine = dans quinze jours (saraishû)

Dans le second tableau figurent les adverbes dont le point de référence est un moment du temps déterminé de façon indirecte, par le contexte :

    actuel + soir = ce soir-là (sono ban)

    avant-dernier + jour = deux jours avant (zenzenjitsu)

    après le prochain + semaine = quinze jours après (yokuyokushû)

SPECIFICATEURS NUMERAUX (I)

		A-1	A-2	A-3	A-4	A-5	A-6	A-7
		月 gatsu*	時 ji	秒 byō	年 nen	円 en	倍 bai	枚 mai
一	ichi							
二	ni							
三	san				sannen	san.en		
四	shi yo yon	shigatsu	yoji	yombyō	yonen	yoen yon.en	yobai yombai	yomai yommai
五	go							
六	roku							
七	shichi nana	shichigatsu	shichiji	shichibyō nanabyō	shichinen nananen	shichien nanaen	shichibai nanabai	shichimai nanamai
八	hachi							
九	ku kyū	kugatsu	kuji	kyūbyō	kunen kyūnen	kyūen	kyūbai	kumai kyūmai
十	jū							
十一	jūichi							
Note		* nom de mois						

SPECIFICATEURS NUMERAUX (II)

		A-8	A-9	A-10	A-11	A-12	A-13
		冊 satsu	頭 tō	着 chaku	足 soku	個 ko	軒 ken
一	ichi	issatsu	ittō	itchaku	issoku	ikko	ikken
二	ni						
三	san				sanzoku		sangen
四	yon						
五	go						
六	roku					rokko	rokken
七	nana shichi	nanasatsu shichisatsu	nanatō shichitō	nanachaku	nanasoku	nanako shichiko	nanaken
八	hachi	hassatsu	hattō	hatchaku	hassoku	hakko	hakken
九	kyū						
十	jū	jissatsu jussatsu	jittō juttō	jitchaku jutchaku	jissoku jussoku	jikko jukko	jikken jukken
十一	jūichi	jūissatsu	jūittō	jūitchaku	jūissoku	jūikko	jūikken
Note		二十歳 hatachi nijissai nijussai					

- 69 -

		A-14	A-15	A-16	A-17				B-1	B-2	B-3
		歩 ho	本 hon	分 fun (hun)	羽 wa				月 tsuki*	晩 ban	部屋 heya
一	ichi	ippo	ippon	ippun	ichiwa ippa		一	hito			
二	ni						二	futa			
三	san	sanpo	sambon	sampun	samba		三	mi			miheya sanheya
四	yon			yompun			四	yo			
五.	go						五	itsu			itsuheya goheya
六	roku	roppo	roppon	roppun	rokuwa roppa		六	mu			muheya rokuheya
七	nana shichi	nanaho shichiho	nanahon shichihon	nanafun shichifun	nanawa shichiwa		七	nana		peu usité	
八	hachi	happo	happon	happun	hachiwa		八	ya			yaheya hachiheya
九	kyū						九	kokono			kokonoheya kyūheya
十	jū	jippo juppo	jippon juppon	jippun juppun	jippa juppa		十	to			
十一	jūichi	jūippo	jūippon	jūippun	jūippa		十一	jūichi	jūikkagetsu		jūichiheya
							Note		* nombre de mois		

SPECIFICATEURS NUMERAUX (IV)

	C-1	C-2	C-3
	日 *	日 **	人
一	tsuitachi	ichinichi	hitori
二	futsuka	futsuka	futari
三	mikka	mikka	sannin
四	yokka	yokka	yonin
五	itsuka	itsuka	gonin
六	muika	muika	rokunin
七	nanoka nanuka	nanoka nanuka	shichinin nananin
八	yōka	yōka	hachinin
九	kokonoka	kokonoka	kunin kyūnin
十	tōka	tōka	jūnin
十一	jūichinichi	jūichinichi	jūichinin
⋮	⋮	⋮	⋮
二十	hatsuka	hatsuka	nijūnin
Note	* date	** nombre de jours	

LISTE DES PRINCIPAUX SPECIFICATEURS NUMERAUX

bai 倍	A-6	gôsha 号車	A-3	ka 日 (3)	C-2	ninmae 人前	A-4
ban 晩	B-2	guramu グラム	A-3	kagetsu か月	A-12	oku 億	A-3
ban 番	A-7	gyô 行	A-3	kai 回	A-12	retsu 列	A-6
banchi 番地	A-3	hai 杯	A-15	kai 階	A-13	ri 里	A-2
bansen 番線	A-3	haku 泊	A-16	kaku 画	A-12	rittoru リットル	A-3
bu 部	A-3	hen 遍	A-15	ken 軒	A-13	sai 歳	A-8
byô 秒	A-3	heya 部屋	B-13	kiro キロ	A-3	satsu 冊	A-8
chaku 着	A-10	hiki 匹	A-15	ko 個	A-12	seiki 世紀	A-8
chôme 丁目	A-9	ho 歩	A-14	kyoku 曲	A-12	shû 周	A-8
dai 台	A-7	hon 本	A-15	mai 枚	A-7	shûkan 週間	A-8
dan 段	A-7	i 位	A-3	man 万	A-3	soku 足	A-11
do 度	A-7	ji 字	A-2	mêtoru メートル	A-3	tô 頭	A-9
doru ドル	A-3	ji 時	A-2	nen 年	A-4	tô 等	A-9
en 円	A-5	jikan 時間	A-4	nichi 日 (4)	C-1	ton トン	A-9
fun 分	A-16	jô 畳	A-4	nichi 日 (5)	C-2	tsuki 月 (6)	B-1
gatsu 月 (1)	A-1	ka 日 (2)	C-1	nin 人	C-3	wa 羽	A-17
						wari 割	A-3

Notes : (1) nom de mois. (2), (4) date. (3), (5) nombre de jours. (6) nombre de mois.

ADVERBES DE TEMPS (I)

	JOUR	MATIN	SOIR	SEMAINE	MOIS	ANNEE
AVANT DERNIER	一昨日 ototoi issakujitsu			先々週 sensenshū	先々月 sensengetsu	一昨年 ototoshi issakunen
DERNIER	昨日 kinō sakujitsu		昨夜 {yūbe sakuya 昨晩 sakuban 昨夕 sakuyū	先週 senshū	先月 sengetsu	去年 kyonen 昨年 sakunen
ACTUEL	今日 kyō konnichi 本日 honjitsu	今朝 kesa konchō	今夜 konya 今晩 konban 今夕 konyū 本夕 honyū	今週 konshū	今月 kongetsu 本月 hongetsu	今年 kotoshi konnen 本年 honnen
PROCHAIN	明日 asu/ashita myōnichi	明朝 myōasa myōchō	明晩 myōban	来週 raishū	来月 raigetsu	来年 rainen
APRES LE PROCHAIN	明後日 asatte myōgonichi			再来週 saraishū	再来月 saraigetsu	再来年 sarainen
CHAQUE	毎日 mainichi	毎朝 maiasa	毎夜 maiyo 毎晩 maiban 毎夕 maiyū	毎週 maishū	毎月 maitsuki maigetsu	毎年 maitoshi mainen

ADVERBES DE TEMPS (II)

	JOUR	MATIN	SOIR	SEMAINE	MOIS	ANNEE
AVANT DERNIER	前々日 zenzenjitsu			前々週 zenzenshū	前々月 zenzengetsu	
DERNIER	前日 zenjitsu		前夜 zenya	前週 zenshū	前月 zengetsu	前年 zennen
ACTUEL	当日 tōjitsu		当夜 tōya		当月 tōgetsu	当年 tōnen
PROCHAIN	翌日 yokujitsu 明くる日 akuru hi	翌朝 yokuasa yokuchō 明くる朝 akuru asa	翌晩 yokuban 明くる晩 akuru ban	翌週 yokushū 明くる週 akuru shū	翌月 yokutsuki yokugetsu 明くる月 akuru tsuki	翌年 yokutoshi yokunen 明くる年 akuru toshi
APRES LE PROCHAIN	翌々日 yokuyokujitsu			翌々週 yokuyokushū	翌々月 yokuyokutsuki yokuyokugetsu	翌々年 yokuyokutoshi yokuyokunen

LOCUTIONS ADVERBIALES DE TEMPS

le 15 du mois
　　十五日(に)　　jūgonichi (ni)

dans 15 jours / 15 jours après
　　二週間 { たってから / 後に / のちに / ののちに }　nishū-kan { tatte kara / go ni / nochi ni / no nochi ni (rare) }

pendant 15 jours encore
　　あと / もう } 二週間　ato / no } nishū-kan

pendant 15 jours
　　十五日 { 間 / の間 / というもの }　jūgonichi { kan / no aida / to iu mono }

il y a 15 jours / 15 jours avant
　　十五日前(に)　　jūgonichi mae (ni)
　　半月ほど前(に)　　hantsuki hodo mae (ni)

depuis 15 jours
　　十五日 { 前から / (以)来 }　jūgonichi { mae kara / (i)rai }
　　この十五日　　kono jūgonichi

tous les 15 jours
　　十五日ごと(に)　　jūgonichi goto (ni)
　　十四日おきに　　jūyokka oki ni

jusqu'à il y a 15 jours
　　十五日前までは　　jūgonichi mae made wa

pendant plusieurs jours
　　数日間　　sūjitsu-kan

... fois par :

semaine
　週(に) / 一週(間)に / 毎週 / 週ごとに } ~ { 回 / 度 / 遍 }　shū (ni) / isshū(-kan) (ni) / maishū / shū goto ni } ~ { kai / do / hen }

mois
　月(に) / ひと月(に) / 一か月(に) / 毎月 / 月ごとに } ~ { 回 / 度 / 遍 }　tsuki (ni) / hitotsuki (ni) / ikkagetsu (ni) / maitsuki maigetsu / tsuki goto ni } ~ { kai / do / hen }

an
　年(に) / 一年(間)(に) / 毎年 / 年ごとに } ~ { 回 / 度 / 遍 }　nen (ni) / ichinen(-kan) (ni) / maitoshi mainen / toshi goto ni } ~ { kai / do / hen }